U0575989

国家出版基金项目
NATIONAL PUBLICATION FOUNDATION

"十三五"国家重点出版物出版规划项目

中国生态环境演变与评估

长三角区域城市化过程及其生态环境效应

李伟峰 等 著

科学出版社
龍門書局
北京

内 容 简 介

　　本书以长三角城市群发展现状与变化及其对区域生态环境的影响为核心，研究长三角城市群城市化及生态系统格局特征与变化，评估长三角城市群的快速发展对区域生态环境产生的影响，从"区域"与"重点城市"两个尺度上，分析长三角城市群的发展模式、驱动机制，及其对生态环境的影响，探讨长三角城市群可持续发展与生态环境保护的调控策略与建议。

　　本书可供生态学、环境科学、城市规划与管理等专业的科研人员和教学人员阅读。

图书在版编目（CIP）数据

长三角区域城市化过程及其生态环境效应／李伟峰等著. —北京：科学出版社　龙门书局，2017.5

（中国生态环境演变与评估）

"十三五"国家重点出版物出版规划项目　国家出版基金项目

ISBN 978-7-03-050406-7

Ⅰ. 长…　Ⅱ. 李…　Ⅲ.①长江三角洲–城市化–研究②长江三角洲–生态城市–城市建设–研究　Ⅳ.①F299.275②X21

中国版本图书馆 CIP 数据核字（2016）第 262839 号

责任编辑：李　敏　张　菊　吕彩霞／责任校对：彭　涛
责任印制：肖　兴／封面设计：黄华斌

科学出版社　龙门书局　出版
北京东黄城根北街 16 号
邮政编码：100717
http://www.sciencep.com

中国科学院印刷厂 印刷
科学出版社发行　各地新华书店经销

*

2017 年 5 月第　一　版　　开本：787×1092　1/16
2017 年 5 月第一次印刷　　印张：13
字数：400 000

定价：158.00 元
（如有印装质量问题，我社负责调换）

《中国生态环境演变与评估》编委会

《长三角区域城市化过程及其生态环境效应》编委会

主　　笔　李伟峰

副　主　笔　周伟奇

成　　员　（按汉语拼音排序）

　　　　　段雅烘　韩春萌　韩立建　纪晓华

　　　　　李文君　刘菁华　钱雨果　王　强

　　　　　郑晓欣

总　　序

　　我国国土辽阔，地形复杂，生物多样性丰富，拥有森林、草地、湿地、荒漠、海洋、农田和城市等各类生态系统，为中华民族繁衍、华夏文明昌盛与传承提供了支撑。但长期的开发历史、巨大的人口压力和脆弱的生态环境条件，导致我国生态系统退化严重，生态服务功能下降，生态安全受到严重威胁。尤其 2000 年以来，我国经济与城镇化快速的发展、高强度的资源开发、严重的自然灾害等给生态环境带来前所未有的冲击：2010 年提前 10 年实现 GDP 比 2000 年翻两番的目标；实施了三峡工程、青藏铁路、南水北调等一大批大型建设工程；发生了南方冰雪冻害、汶川大地震、西南大旱、玉树地震、南方洪涝、松花江洪水、舟曲特大山洪泥石流等一系列重大自然灾害事件，对我国生态系统造成巨大的影响。同时，2000 年以来，我国生态保护与建设力度加大，规模巨大，先后启动了天然林保护、退耕还林还草、退田还湖等一系列生态保护与建设工程。进入 21 世纪以来，我国生态环境状况与趋势如何以及生态安全面临怎样的挑战，是建设生态文明与经济社会发展所迫切需要明确的重要科学问题。经国务院批准，环境保护部、中国科学院于 2012 年 1 月联合启动了"全国生态环境十年变化（2000—2010 年）调查评估"工作，旨在全面认识我国生态环境状况，揭示我国生态系统格局、生态系统质量、生态系统服务功能、生态环境问题及其变化趋势和原因，研究提出新时期我国生态环境保护的对策，为我国生态文明建设与生态保护工作提供系统、可靠的科学依据。简言之，就是"摸清家底，发现问题，找出原因，提出对策"。

　　"全国生态环境十年变化（2000—2010 年）调查评估"工作历时 3 年，经过 139 个单位、3000 余名专业科技人员的共同努力，取得了丰硕成果：建立了"天地一体化"生态系统调查技术体系，获取了高精度的全国生态系统类型数据；建立了基于遥感数据的生态系统分类体系，为全国和区域生态系统评估奠定了基础；构建了生态系统"格局–质量–功能–问题–胁迫"评估框架与技术体系，推动了我国区域生态系统评估工作；揭示了全国生态环境十年变化时空特征，为我国生态保护与建设提供了科学支撑。项目成果已应用于国家与地方生态文明建设规划、全国生态功能区划修编、重点生态功能区调整、国家生态保护红线框架规划，以及国家与地方生态保护、城市与区域发展规划和生态保护政策的制定，并为国家与各地区社会经济发展"十三五"规划、京津冀交通一体化发展生态保护规划、京津冀协同发展生态环境保护规划等重要区域发展规划提供了重要技术支撑。此外，项目建立的多尺度大规模生态环境遥感调查技术体系等成果，直接推动了国家级和省级自然保护区人类活动监管、生物多样性保护优先区监管、全国生态资产核算、矿产资源开发监管、海岸带变化遥感监测等十余项新型遥感监测业务的发展，显著提升了我国生态环境保护管理决策的能力和水平。

《中国生态环境演变与评估》丛书系统地展示了"全国生态环境十年变化（2000—2010 年）调查评估"的主要成果，包括：全国生态系统格局、生态系统服务功能、生态环境问题特征及其变化，以及长江、黄河、海河、辽河、珠江等重点流域，国家生态屏障区，典型城市群，五大经济区等主要区域的生态环境状况及变化评估。丛书的出版，将为全面认识国家和典型区域的生态环境现状及其变化趋势、推动我国生态文明建设提供科学支撑。

因丛书覆盖面广、涉及学科领域多，加上作者水平有限等原因，丛书中可能存在许多不足和谬误，敬请读者批评指正。

《中国生态环境演变与评估》丛书编委会

2016 年 9 月

前　言

　　为摸清全国生态环境状况和变化趋势，综合评估全国生态系统质量与功能，提出新时期我国生态环境保护对策与建议，服务于生态文明建设，经国务院批准，环境保护部、中国科学院联合启动了"全国生态环境十年变化（2000—2010年）调查评估"专项研究，其中，设立了"重点城市化区域生态环境十年变化调查与评估"专题。本书内容是对"长三角城市群生态环境三十年变化调查与评估"课题相关研究成果的系统总结，其中的调查和评估方法、获得的数据和相关评估结果，提高了对长三角城市群城市化特征、生态系统构成与格局、生态系统质量、生态环境问题及其变化趋势的认知水平，可为我国新型城镇化的城市群构建与可持续发展战略实施提供可靠的科学支撑。

　　长三角城市群位于我国大陆海岸线中部、长江入海口，是我国经济发展速度最快、经济总量规模最大、社会发展水平最高的区域，也是我国长江经济带的龙头和沿海经济发展带的中枢，是我国实施"T"字形发展战略的核心区域。2010年国务院正式批准实施《长江三角洲地区区域规划》，目的是进一步促进长三角城市群的发展，成为我国融入全球化进程的首要区域。改革开放三十余年以来，长三角城市群得到快速的发展，土地、社会和经济城市化程度不断加强，但资源、环境容量和生态承载力的压力也逐渐加大。

　　"长三角城市群生态环境三十年变化调查与评估"以长三角15个城市为研究对象，采用遥感数据和地面调查/核查相结合的方式，以遥感数据为主，辅以地面调查和长期生态系统监测与专题研究成果，通过筛选和建立典型评价指标体系，从"区域尺度"和"城市尺度"两个层面，定量评估长三角城市群近三十年的城市化演进特征及其对生态环境的影响。针对整个区域，揭示了1980～2010年长三角城市群的城市化强度、生态质量、环境质量和生态环境胁迫状况的时空分布特征与驱动机制；针对重点城市，揭示出2000～2010年长三角6个重点城市（上海、南京、苏州、无锡、常州和杭州）的"主城区"呈不断扩张趋势，但扩张幅度较1980～2000年趋缓，生态环境质量有所降低，生态环境胁迫强度增加。

　　本书主要内容有4部分，共9章。第一部分叙述研究目标、内容和方法，包括第1、2章，第1章介绍城市化的内涵，第2章介绍研究整体框架；第二部分阐述区域尺度上长三角城市群城市化演变与生态环境变化状况，包括第3～6章，第3章阐述长三角城市群格局特征及变化，第 4 章分析长三角城市群扩张模式与驱动机制，第 5 章介绍长三角城市群快速发展的区域生态环境效应与变化，第 6 章定量模拟分析长三角城市群热环境演变与变化机制；第三部分阐述长三角重点城市的城市化演变与生态环境变化状况，包括第 7、8 章，第 7 章阐述上海、南京、苏州、无锡、常州和杭州等 6 个重点城市的格局特征与变化，第 8 章分析长三角 6 个重点城市发展对生态环境的影响；最后一部分，包括第 9 章，探讨并提出长三角城市群可持续发展与生态环境保护的对策建议。

在课题实施过程和本书编辑整理过程中，得到了中国科学院和环境保护部等有关部门以及众多不同领域专家的大力支持，谨此向他们表示诚挚的谢意！

由于作者研究领域和学识的限制，书中难免有不足之处，敬请读者批评指正。

编　者

2016 年 9 月

目　　录

第 1 章 | 绪 论

城市化的程度是衡量一个国家和区域社会、文化、经济和科技水平的重要标志，是人类进步必然要经历的过程（罗彦等，2010）。1858 年马克思提出了"乡村城市化"的概念，在他的理论中，提出"现代化的历史是乡村城市化，而不像在古代那样，是城市的乡村化"（常宗耀，2010）。"城市化"一词，英文为"urbanization"，它最初是由西班牙工程师 A. Serda 于 1867 年在其著作《城市基本原理》中正式提出的。随着城市化进程的加快以及不同学科领域对城市化理论研究的深入，城市化的概念和内容不断发展。比较全面的城市化概念是由罗西提出的，其在《社会科学词典》中的定义如下：城市中心对农村腹地影响的传播过程；全社会人口逐步接受城市文化的过程；人口集中的过程，包括集中点的增加和每个集中点的扩大；城市人口占全社会人口比例的提高过程（高佩义，2004）。

城市化是 21 世纪三大主旋律之一，世界城市化进入了一个新的阶段，已成为继工业化、现代化、信息化之后的又一全球性风暴（李汉宗和单欣欣，2007）。据联合国经济及社会理事会统计，1975 年全球人口城市化率为 37.2%，2009 年为 50.1%，在这三十多年里增长了 12.9%，而至 2025 年预计城市人口比例将达 56.6%。2000 年中国的人口城市化率为 37%，滞后于世界平均水平；至 2011 年，中国社会蓝皮书发布，中国城镇人口的比例超过 50%，达到世界平均水平。诺贝尔经济学奖获得者斯蒂格利茨（Stiglitze）曾指出："21 世纪初期影响最大的世界性事件，一是中国的城市化，二是美国的信息化。"（马晓冬，2007）由此可见，中国的城市化对世界城市化的发展具有重要的意义。城市化是推动我国国民经济发展的核心动力，但也带来了一系列问题，如资源短缺、环境污染及生态系统服务功能下降等，已经成为制约我国城市化快速发展的瓶颈。

本章基于文献调研，从土地、人口与经济等不同角度阐述了城市化的概念、内涵及国内外研究进展，阐述了城市化对生态环境的主要影响。

1.1 研究背景

1.1.1 城市化的内涵

城市是人类文明的结晶，城市化是人类生产和生活方式由农村型向城市型转化的历史过程，其主要表现为农村人口向城市人口的转化以及城市的不断发展和完善。城市化的内涵在于，其不仅仅是城乡人口结构的简单转化，更重要的是产业结构及其空间分布结构的转变，是传统生产方式、行为方式和生活方式向现代化生产方式、行为方式和生活方式的转化。

1.1.1.1 人口城市化

人口城市化指农业人口不断向城市转移和集中，城镇人口占总人口的比例逐渐提升的动态过程，其有利于进行集中生产（李培祥，2008）。人口城市化的研究，首先需要阐明"户籍人口"、"常住人口"和"非农业人口"这三个概念。其中"户籍人口"是指公民依《中华人民共和国户口登记条例》已经在其经常居住地的公安户籍管理机关登记了常住户口的人。该类人口不论其外出与否，也不论其外出时间的长短，只要在某地注册了常住户口，则为该地区的户籍人口。"常住人口"指经常居住在某一地区的人口，是在普查区内经常居住的人口，其包括常住该地而临时外出的人口，不包括临时寄住的人口。"非农业人口"，即城镇人口，指依靠非农业生产维持生活的人群及其抚养的人口。

人口城市化的程度是衡量一个国家及地区社会、经济、科技和文化水平的重要标志。农村人口和农业剩余劳动力向城市集中，也就是农村人口城市化，是农业现代化和城市工业化的必然结果（王玉芬，2010）。目前对人口城市化的判断还没有一个明确的标准，国际上习惯的衡量标准是一个地区的非农业人口占该地区户籍人口的比例。

1.1.1.2 经济城市化

经济城市化是指随着社会生产力的发展以及人类需求的不断提高，促使人类经济活动向城市集中的过程，是城市化的一个重要内容（刘英群，2012）。随着经济的发展，人类需求不断提高，形成了对大量非农产品的需求。这些对非农产品需求的出现和不断扩张，为企业的发展创造了广阔的市场，进而促进了产业结构的演化和升级。这些涉及非农产业的企业，在经济利益的驱动下必然在空间上会选择最有利的位置进行生产。根据非农产业的特点，相关企业倾向于在劳动力资源比较丰富、基础设施比较完善、资金市场比较发达的城市从事生产经营活动，由此便带来了经济城市化。

产业结构横向演变的合理化和产业结构从低级向高级演进的高度化是与经济发展相伴随的，在经济发展过程中，产业结构由以农业为主逐渐转向以服务业和工业为主，随之就业人口也逐渐由第一产业向第二、三产业转移。因此，产业的发展和城市化并不是孤立存在的，彼此间存在着密切的关系。第一产业的发展是城市化的前提与基础，第二产业的发展则是城市化的主要推动力，而第三产业的发展会增强城市的吸纳能力，对城市化进程有加速的作用（林汉达，1998）。

1.1.1.3 土地城市化

土地利用/覆盖格局变化（land use/cover change，LUCC）是区域城市化的最显著特征之一，是城市各种人类活动的综合作用结果，是区域及城市研究的重点和热点领域。随着全球生态环境的变化，人类自身的生存条件日趋恶化。人们逐渐意识到土壤退化、大气变化、物种多样性缺失等一系列生态环境问题都同土地利用/覆盖的变化有关。土地利用/覆盖的变化同人类的活动紧密相关，因此，随着城市化进程的加速，土地也必然会产生经济效益、社会效益和自然景观等一系列变化，并构成了城市化的重要组成部分。城市化过程中土地承担着非常重要的角色，无论是人口的聚集、产业结构的调整，还是基础设施的建设，都必须通过土地资源的重新配置来实现（吕萍等，2008）。而土地利用/覆盖类型作为受人类影响最为深刻的方面之一，将会受到更剧烈的冲击。研究土地利用/覆盖格局变化以及导致这种变化的驱动力间的内在关系，不仅可以加深对人地系统相互作用的内在机制的了解，更有助于揭示城市化过程中很多生态环境问题产生的原因和机理，而且还可据此来预测城市化的未来趋势，进而支撑城市管理部门采取相应对策，合理利用土地资源，保护生态环境，促进社会–经济–复合生态系统的可持续发展。在对土地利用/覆盖变化（LUCC）进行研究之前，需要对其概念进行界定。只有明白了 LUCC 的内涵，搞清楚土地覆盖与土地利用间的关系，才能对 LUCC 的现状以及驱动力机制等进行深入研究。

（1）土地利用的概念

与土地覆盖的概念相比，土地利用的概念提出的时间较早，国际上对其概念的争议不大。国际上有影响的专家学者和研究机构对此进行了阐述。Tunner 等（1995）认为土地利用是指人类对土地覆盖方式的一种利用。全球环境变化人文计划（International Human Dimensions Programme on Global Environmental Change，IHDP）和国际地圈与生物圈计划（International Geosphere-Biosphere Programme，IGBP）认为，土地利用是指人类为获得所需要的服务或产品而进行的对土地自然属性的利用的方式、目的和意图。联合国粮农组织（FAO）认为，土地利用是指由自然条件和人为参与所决定的土地的功能。我国学者普遍认为，土地利用是人类出于某种目的，对土地资源进行改造整治的活动及过程，其实质是对土地功能的使用。

以上虽然对土地利用的概念进行了不同的阐述，但其共同点是都指出土地利用是为了人类自身的生存发展，依据一定的社会和经济目的，对土地资源通过一系列技术手段进行利用的过程。其体现的是人们对土地使用的意图和目的，强调的是土地的社会、经济属性，是一种人类活动。

（2）土地覆盖的概念

土地覆盖是随着遥感技术的发展而逐渐出现的新概念，目前对其定义还存在争议。不同的专家学者和研究机构依据各自的研究角度对土地覆盖的内涵进行了阐述。全球环境变化人文计划和国际地圈与生物圈计划认为，土地覆盖是指地球陆地层和近地面层的自然状态，是人类与自然过程共同作用的结果。"美国–全球变化研究计划"（USSGCR）认为，土地覆盖是指地球表面当前所具有的覆盖物，包括地表水、地表植被、土壤、冰川、沼泽、道路等。

综上所述，土地覆盖与土地利用二者间既有密切的联系又有本质的区别。土地利用侧重于土地的社会经济属性，而土地覆盖侧重于土地的自然属性，反映的是地球表层和亚表层的自然状况。一方面，土地利用可以通过土地覆盖的变化来体现；另一方面土地覆盖变化的影响经过累积作用以环境变化的形式对土地利用发生作用。可见，二者是同一事物的两个方面，是矛盾的统一体，是人与自然交互关系的直接体现，共同构成了全球变化的驱动因子。本研究关注的是区域较大时空尺度上的城市化问题研究，因此，依据研究目的采用了 USSGCR 的定义，认为将地球表面所有的自然和人为影响所形成的覆盖物，包括植被、湿地、道路等地表形体定义为土地覆盖。

1.1.2 城市化趋势

随着经济全球化热潮的推进以及城市化进程的加速，不仅中国经济与世界经济的融合正在加速进行，而且城市功能的国际化日益明显，城市之间共同的影响区域扩大，城市之间的交流、联系增强，城市之间更加相互依赖（石忆邵和章仁彪，2001；舒松，2013）。正是城市发展过程中相互之间的联合和互动，促使了一个个具有影响力的都市圈或城市群的崛起。

所谓城市群是指在特定的区域范围内云集相当数量的不同性质、类型和等级规模的城市，以一个或两个特大或超大型城市作为区域经济发展中心，依托一定的自然环境、交通运输网的通达性，以及高度发达的信息网络，城市之间的内在联系不断加强，共同构成一个相对完整的城市"集合体"（姚士谋等，2001）。按照戈特曼的城市群理论，世界上有六大城市群，分别是美国东北部大西洋沿岸城市群、北美五大湖城市群、日本太平洋沿岸城市群、欧洲西北部城市群、以伦敦为中心的英格兰东南部城市群以及以上海为中心的长三角城市群。从目前城市群的发展进程来看，美国 40% 的人口集中在东北部大西洋沿岸城市群和五大湖城市群，日本 60% 以上的人口、经济规模集聚在东京、大阪、名古屋三大都市圈，而英国一半的人口集中在不足 1/5 国土面积的大伦敦都市圈（樊杰，2014）。从中国来看，长三角城市群、珠三角城市群、京津冀城市群是支撑中国经济高速增长的三大核心增长极。据估计，至 2020 年，中国 GDP 总量的 2/3 将集聚在长三角、珠三角、京津冀这三大城市群。

城市群是城市化进程中出现的新的地域形态类型，是城市发展到高级阶段的产物，在城市化进程中起着越来越重要的作用（刘静玉，2006）。在我国经济发达、城市化水平较高的地区，城市群的发展和进一步完善是推进城市化进程的主要途径（苏雪串，2004）。2011 年，我国批准的"十二五"规划中强调"要以大城市为依托，以中小城市为重点，逐步形成辐射作用大的城市群，要在东部地区逐步打造更具国际竞争力的城市群，在中西部有条件的地区培育壮大若干城市群"。2014 年国家发布的《国家新型城镇化规划（2014~2020年)》提出，以城市群为推进城镇化的主体形态，完全符合全球化背景下的城镇化一般规律，符合我国资源环境承载能力的基本特征（樊杰，2014）。由此可见，城市群已成为我国城市化发展的战略依托，这也与新型城市化的目标相契合。因此，具有强大经济实力的城市群，必然会通过经济的推动作用，加快区域内部和外部的城市化进程，对我国城市化进程具有重要的意义（刘静玉，2006）。

1.2　国内外研究进展

1.2.1　城市化评估方法研究进展

　　城市化是当今世界上重要的社会经济现象之一。城市化水平是指城市化发展的程度，目前，国内外对其评估还没有统一的标准，但概括起来主要有单一指标法和复合指标法两类。单一指标法主要是计算非农业人口比重、城镇人口比重和城市用地比重等，其中，目前国际上较为通用的测量城市化水平的指标是城镇人口占总人口的比重。但这些单一指标不能全面、完整地对城市化水平进行反映，只是对城市化某个方面的量的结果反映，有一定的片面性。进而，有些学者考虑到城市化具有非常丰富的内涵，其不仅体现了一个地区人口性质的改变，而且体现出该地区的产业结构演变、经济发展水平以及人们的生活质量，认为应该从城市化质量的角度出发，建立复合指标体系，进行综合分析，力求对城市化水平进行全面准确的衡量。

　　作为改进城市化水平度量方法的一种思路，复合指标法具有一定的学术价值（张同升等，2002）。纵观国内外学者在这方面所做的研究发现，用这种方法评估城市化水平的基本模式是一致的：首先选择能反映城市各方面基本特征的指标，然后根据这些指标进行综合评估，衡量一个地区城市化的水平。李爱军等（2004）采用经济、人口、居住环境因素和社会因子所构成的综合指数来对无锡和泰州两个城市的城市化水平进行比较评估。其研究表明，综合指数法不仅可科学、准确地对城市化发展水平进行评估，而且可细致深入地揭示城市化所面临的薄弱环节。欧向军等（2008）根据城市化的内涵，从经济城市化、人口城市化、地域景观城市化和生活方式城市化等 4 个方面，构建区域城市化水平的综合评价指标体系，并利用熵值法，综合分析了 1991～2005 年江苏省城市化水平，研究发现经济城市化和地域景观城市化对江苏省城市化水平的贡献度不断提高，而人口城市化对区域城市化的总体贡献在不断减弱。孙平军等（2012）基于人口、空间、经济城市化的概念构建了评价指标，对 1990～2008 年北京各系统的城市化水平进行了综合测度，并利用耦合容量系数模型评价三者之间的耦合协调度及其作用机理和演变规律。

1.2.2　人口城市化研究进展

　　宋丽敏（2007）认为，人口城市化水平是比较一个城市的城市化程度的最基本尺度，其一直是科学研究的热点。近年来，国内外学者分别对人口城市化进行了深入的研究，内容涉及面广，并取得了丰富的成果。

　　国内学者从三个方面定义了人口城市化的内涵：城市化的内容包含人口结构、地域结构、生活方式的城市化；人口城市化的特征是非农人口比重相对增加，农村人口相对减少，第二、三产业人口相对增加，第一产业人口相对减少的过程；人口城市化的实质是人口生活方式和经济活动非农化过程（李辉，2003）。上述定义说明人口城市化与人口地域结构、生产方式、城镇人口比重及就业结构关系密切。目前，有关人口城市化的内涵存在着新的发展趋势：达即至和宁海林（2006）认为，人口城市化是农业人口不断涌向城市的一个地理迁移过程，最终会使城市人口所占的比重不断上升；何镇宇（2012）认为，人口城市化的内涵从关注城市人口比重的增加已经发展到人口城市化的质量。

人口城市化的有关文献中关于人口城市化的衡量一般采用单一指标，其中国际上最常用的是以非农业人口占总人口的比重或城镇人口占总人口的比重来对人口城市化的水平进行衡量。城市化的文献中，对城市化水平的度量方法主要有单一指标法和复合指标法两种。人口指标法在单一指标法中最常用，即以非农业人口占总人口的比重或城镇人口占总人口的比重来对城市化水平进行衡量；而在复合指标法中人口指标也是其中的一个关键指标。例如，李文溥和陈永杰（2001）提出用非农业人口和第二、三产业就业比重推算总人口中城市化人口的比重。王维国和于洪平（2002）提出用区域城市化人口占区域总人口的比重来衡量区域的城市化水平。信春霞（2002）提出城市化水平最直接的反映指标就是人口城市化水平，综合的城市化率也是城市非户籍统计的隐性城市人口，与同期以户籍统计资料计算的城市化率相加。周一星和田帅（2005）认为，由于市镇非农化水平同城镇化水平具有很强的相关性，可采用城市非农业人口作为表示不同年份城市化水平特征的指标对理论值进行再次修正。

此外，人口城市化特征的地域性较强，对特定地域的研究有助于进一步推进人口的城市化，且更有应用价值。所以，区域人口城市化问题的深入研究将会是人口城市化研究领域的新趋势之一。

1.2.3 经济城市化研究进展

经济城市化是随着人类需求和社会生产力的发展而不断提高、推动人类经济活动向城市集聚的过程，其包含产业非农化和非农产业集中化两个客观过程。经济城市化是城市化的重要内容。国内外众多研究显示，城市化水平同经济增长之间呈现出显著的正相关关系，经济发展水平越高，城市化程度也越高。

Moomaw 和 Shatter（1996）利用回归分析，发现城市化率随人均 GDP、工业化程度及出口的增长而上升，随着农业生产水平的提高而下降。Henderson（2003）利用不同国家的横截面数据计算出人均 GDP 与城市化水平间的相关系数为 0.85，高度相关。Davis 和 Henderson（2003）认为，早期及中期阶段的城市化主要由技术进步和国内经济结构变动所决定，政府通过出台影响经济部门构成的相关政策而间接对城市化产生影响。

国内学者在经济城市化方面也做了大量研究：李玉江等（2006）认为，我国已进入城市化发展受第二产业与第三产业共同推动的时期。经济增长速度的高低、规模的大小以及城市化发展阶段的不同是引起城市化动态发展差异的关键因素。傅莹（2011）运用国内生产总值来衡量我国的经济发展，分析表明我国经济增长和城市化水平间存在着稳定的、长期的均衡关系。刘英群（2012）认为，经济城市化的一个重要条件是产业非农化，随着社会生产力水平的提高和人类需求的变化，非农产业得到不断发展，使其在国民经济中所占的比例不断上升，最终成为国民经济主要组成部分。

1.2.4　土地城市化研究进展

　　城市化是一个复杂和综合的变化过程，其不仅表现为农村人口向城市的集聚和非农产业的壮大，同时也体现为土地利用/覆盖属性由农业用地逐渐转为城市建设用地。因此，土地城市化是城市化过程中的一个重要表征。在统计学上利用建成区面积来表示土地城市化的程度。《城市规划法》在对城市规划区的解释中指出"建成区是指城市建设连片，基础设施和公用设施到达的地区，其是城市规划区的核心部分"。国家公开的相关建成区统计数据，是由城建部门依据上述界定方法进行信息统计的。因此，本书在对研究区域土地城市化的分析评价中，分别采用了城市统计年鉴公开的建成区面积数据和基于遥感信息提取的建成区面积，以此来比较不同方法对土地城市化分析的影响。

1.2.4.1　景观生态学与土地利用/覆盖变化

　　从研究对象来看，景观生态学与土地覆盖、土地利用的联系密切，虽然土地和景观在概念、内涵上有所不同，但土地和景观在概念外延上是相近的，都有"地域综合体"的含义（彭保发和陈端吕，2011）。景观生态学非常重视生态过程和空间结构的相互作用，强调时空的异质性。而人类所有的社会经济活动最终都会落实在土地这个实体上。因此，景观生态学与土地的研究对象在空间实体上存在相似性，景观生态学原理已经越来越广泛地应用于土地利用/覆盖变化的研究。

　　景观生态学的研究对象为土地镶嵌体，主要应用于土地利用的研究，而景观生态指标可以分析景观中斑块的变化情况，同时可了解未来的变动趋势，因此，景观生态学的研究方法可以用于土地利用/覆盖格局变化的空间分析上。景观指数法是研究景观格局特征、构成的最常用的静态定量分析方法，其能够高度浓缩景观空间格局信息，是反映景观空间配置及结构组成等方面特征的简单量化指标（肖笃宁和李秀珍，2003）。

　　"景观指数"是景观格局分析的主要手段，Lausch 和 Herzog（2002）提出通过利用景观指数来分析土地利用/覆盖斑块的集合及空间分布特征。随后，国际学者对其研究进入了新的阶段，其尺度变异行为、生态学意义等已经引起了高度关注（邬建国，2004），在已有指数的选择和新指数的构建过程中，学者们更加谨慎和理性。我国学者提出将景观格局指数与景观组分的基本参数相结合，进而可以比较好地解释景观结构特征，对现有的景观格局指数进行完善和修正。目前，常用的景观指数有斑块周长、斑块面积、斑块的分形分维数、斑块形状指数、均匀度指数、多样性指数等。这些指数可以从斑块尺度、类型尺度及景观尺度三个层次上来反映土地利用/覆盖变化的格局特征。

1.2.4.2　土地利用/覆盖格局变化的驱动机制

　　土地利用/覆盖变化的动力学机制是当前土地利用/覆盖变化研究的焦点，对此国外学者做了大量研究，主要是在全球和区域两个尺度下进行的。Plieninger 等（2016）认为，技术、人口和富裕程度是研究人类驱动力的重要方面；Long 等（2007）认为，政治经济结构、人口、富裕水平、信任和态度、技术水平等构成了人类方面的驱动力。随着研究的深入，学者逐渐认识到简单的关系研究已经不能对 LUCC 进行很好的解释，提出应该重视 LUCC 驱动力的综合分析，重视理论及方法上的创新（Hietel et al.，2007）。由于研究尺度的复杂性，目前驱动力研究的重点已经开始"从全球到区域"的转变（Pond，2016），期望通过对不同区域、不同尺度案例的分析和比较，探讨土地利用/覆盖变化的动力学机制。

国内学者也开展了对土地利用/覆盖变化的驱动力研究，针对我国 LUCC 的特点进行了探索和尝试。从研究内容上看，多集中在以下几个方面。

1）对耕地资源变化的驱动力进行分析研究。我国耕地资源紧张，面对人多地少和耕地资源不断减少的趋势，耕地变化的驱动力研究得到了广泛的重视，研究的区域小到县市级行政区域，大到全国范围。如朱会义等（2001）分析认为，环渤海地区土地利用/覆盖的主要驱动因素为土地管理政策、农业生产结构调整、人均居住用地的增长以及城市的扩张。胡乔利等（2011）通过相关分析和主成分分析确定影响京津冀地区 1990～2000 年土地利用/覆盖和景观格局变化的主要驱动力为社会经济、农业生产条件和交通三大驱动因素。这些对耕地资源变化驱动力的研究为实现耕地总量动态平衡提供了支持。

2）从总体上探讨我国土地利用/覆盖变化的驱动机制。如刘纪远等（2014）通过分析我国 20 世纪 90 年代土地利用变化特征，认为经济驱动和政策调控是导致土地利用变化的主要因素；李平等（2001）从土地利用基本竞争模型出发，宏观分析了我国现阶段土地利用变化驱动力。

3）对经济发达地区土地利用/覆盖变化的研究。随着城市化进程的加快，经济发展带来了我国经济发达地区 LUCC 的迅速变化，使经济发展与土地生态环境之间的矛盾日益突出，不少学者针对上述情况进行了分析和探讨，如摆万奇（2000）对深圳市土地利用动态变化和驱动力机制的研究。

总结国内外研究案例，我国现阶段关于驱动力的研究和应用主要集中在北京、上海、深圳、广州等重点城市尺度。在现有的应用经验和理论研究成果的基础上，下一步可以将驱动力分析的研究范围拓展到区域尺度，在我国城市群地区开展研究。

1.2.5　城市化的生态环境效应研究进展

伴随着城市化进程，城市发展对生态环境的影响成为大家广泛关注的问题。目前，随着城市化规模的不断扩大，面临的生态环境问题也越来越突出。例如，区域建设用地的无序扩张，大量耕地被侵占，生态用地数量下降；城市水资源短缺，水资源过度开发导致的湿地丧失与河流断流问题严重；资源利用效率低，污染排放量大，环境污染严重；城市小气候调节、水文调节等生态功能退化。人与自然关系失调，已成为我国城市群可持续发展所面临的重大挑战。

　　欧美等地区发达国家更早地注意到城市群发展所引发的问题。例如，国际知名期刊 *Nature* 在 1967 年刊文阐述了英国伦敦大都市圈在发展的同时带来社会、经济和生态环境问题。随着全球城市群发展规模的不断扩大，目前，我国一些城市群地区，如京津冀、长三角和珠三角城市群等，已经成为资源短缺、环境污染、生态破坏等问题高度集中的地区，这些问题不仅威胁区域和国家的生态安全，也严重制约城市群可持续发展（刘晓丽和方创琳，2008）。因此，城市群发展对区域生态环境的胁迫成为城市群研究的焦点和热点。许多学者从资源消费、污染物排放，以及生态系统功能退化等方面探讨了城市群发展对生态环境的影响（Grimm et al.，2008；Pickett et al.，2011；Bai et al.，2011）：①城市群快速、大规模的城市扩张侵占了大量的耕地和自然生态用地，改变了原本自然或半自然的下垫面景观类型和布局，进而改变了自然生态系统过程，如水文过程。此外，城市群的发展还需要消耗大量的能源和其他重要资源，如水资源，进而导致许多城市群面临资源严重短缺的威胁。②城市群发展向区域排放了大量污染物，使得区域环境质量下降，如水污染和大气污染是我国许多城市群面临的重要环境问题。目前，城市群的环境影响研究主要集中在从城市群区域的产业布局、结构和污染排放方面，揭示城市群的人类生活和工业生产的污染物排放对水、土、气等自然环境的影响（Heeb and Singer，2012；Peng et al.，2012）。③城市群发展导致区域生态系统服务功能下降。城市群的快速发展对自然生态系统的影响很大，不仅包括林地、草地和湿地等自然生态用地数量的减少，还包括与其相关的生态功能的降低，如生物多样性，以及湿地保持、水源涵养和防风固沙等调节功能的降低（Deng et al.，2009；Yin et al.，2011；Fahrig et al.，2011；Miller et al.，2014；Zhang et al.，2014）。

　　然而，城市化进程和环境问题，也不是必然的对立关系。也有许多事实证明，城市化进程加快并没有造成生态环境的恶化。例如，城市发展过程中，大量劳动力、资源涌入城市，导致城市环境压力增大，而缓减了郊区或乡村地区生态环境压力。关键是在城市化进程中发挥其积极作用，做到人与自然可持续发展。因此，揭示不同城市群人类活动和自然生态环境时空分布特征与演变规律，明确城市群发展的主要生态环境胁迫因子，是解析城市群典型生态环境问题的重要基础。

第 2 章 ┃ 研究整体框架

　　"长三角城市群生态环境三十年变化调查与评估"研究以"全国生态环境十年变化（2000—2010 年）遥感调查评估"专项研究——"城市化区域生态环境十年变化调查与评估"专题的目标、任务和方法为指导，以长三角城市群为研究区域，从区域整体尺度和重点城市尺度，系统综合地调查、评价城市扩张过程及其生态环境效应。形成的研究结果能够实现城市群和不同城市之间的有效比较，为长三角地区乃至全国范围的城市化和生态环境监测提供基础信息和技术支撑手段。在当前长三角建设成为世界级城市群的关键时期，本研究的实施对确保城市发展少走弯路，改善区域生态环境质量，促进长三角地区协调发展具有重大且紧迫的意义。

　　本章重点介绍研究区域概况，研究的目标、任务，以及研究的总体框架。

2.1　研究区域介绍

　　"长三角"区域位于我国大陆海岸线中部、长江入海口，地势平坦，土地肥沃，交通便利，腹地广阔，具有良好的自然条件和优越的地理区位，是我国东部沿海开放带和沿江产业密集带的交汇部，地跨 2 个省 1 个直辖市，包括上海市，浙江省的杭州、宁波、绍兴、嘉兴、湖州、舟山，江苏省的南京、苏州、无锡、南通、常州、镇江、扬州、泰州共 15 个经济发达城市，形成长三角城市群（图 2-1）。全区总土地面积 10 万 km²，约占全国

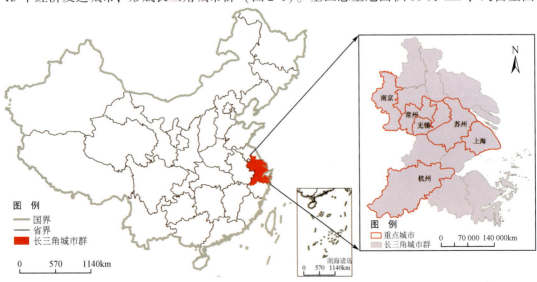

图 2-1　"长三角城市群"空间位置和范围

的 1%；人口为 1.04 亿人（2010 年），约占全国人口的 7.5%，人均 GDP 为 6.73 万元，城市化水平接近 60%。长三角区域各城市地域相连，相互联系十分密切，平均每 1800km² 就有一座城市，不足 70km² 就有一座建制镇，经济一体化传统已久。

长三角区域作为我国三大经济圈之一，是我国经济发展速度最快、经济总量规模最大、社会发展水平最高的区域，同时也是中国现代城市发育最早、城市化水平最高、城市体系最完备的地区之一。根据法国地理学家简·戈特曼（1961 年）对世界级城市群的定义，中国的长三角城市群是继美国东北部大西洋沿岸城市群体系、美国五大湖城市群体系、日本太平洋沿岸城市群体系、英国以伦敦为中心的英格兰东南部城市群体系和欧洲西北部城市群体系五大城市群之后的第六大世界级城市群。

改革开放以来，长三角地区社会经济发展迅速，人们的生产生活和生态环境都经历了前所未有的改变。改革开放前期（1978～1990 年），GDP 年平均增长速度为 13.3%，但还略低于全国平均增长速度；从 20 世纪 90 年代开始，随着浦东开发、开放政策的实施，长三角地区的经济增长速度明显提高，1991～2006 年，GDP 的年增长率达到 19.5%，高出全国同期平均水平（16.7%）近 3 个百分点，工业总产值占全国工业总产值的 1/4，对全国经济起到了强有力的拉动作用。

2.1.1 自然社会经济概况

（1）地理位置及气候特征

长三角城市群是以上海市为核心，由上海市、浙江省 6 个市（杭州、宁波、嘉兴、湖州、绍兴、舟山）、江苏省 8 个市（南京、苏州、无锡、常州、镇江、南通、扬州、泰州）共同组成的。其位于西太平洋边缘的中纬度地带，地处我国东部沿江、沿海发达地带交汇部。由于长江三角洲位于整个国家海岸带的中点，有着经济社会发展的良好自然地理条件，它对我国南北两翼及以长江为纽带的中西部大开发都会产生强大的辐射和带动作用（顾涧清，2009）。

上海市气候属于北亚热带季风气候，降水充沛，境内水域面积 697km²，相当于全市总面积的 11%。全市可利用水资源量为 36.8 亿 m³，其中地下水资源量为 7.146 亿 m³。耕地面积由 2000 年的 28.59 万 hm² 减少到了 2010 年的 20.1 万 hm²，减少了 29.7%。随着经济的高速发展以及城市的不断扩张，上海土地利用结构变化加快，非农占用耕地不断增加，耕地流失强度大。

江苏省气候属于暖温带向亚热带过渡的气候，地形以平原为主，平原面积达 7 万 km²，占全省面积的 70% 以上。水资源十分丰富，境内降雨年径流深为 150～400mm。平原地区地下水资源丰富，但近年来为了防止地下水过度开采导致海水倒灌、地面沉降，该省已经开展全面"封井"政策，严格限制地下水的开采。例如南京市地下水资源量为 7.146 亿 m³，但地下水实际使用量仅为 0.11 亿 m³，仅占全市总用水量的 0.26%。该省耕地面积 468.806 万 hm²。

浙江省属于亚热带季风气候，季风显著，光照充足，降水充沛，雨热季节变化同步。

全省全年平均降雨量为 980～2000 mm，年均日照时数为 1710～2100 h。全省耕地面积由 2000 年的 160.756 万 hm² 增加至 2010 年的 192.09 万 hm²。

（2）城市化特征

从人口城市化特征看，长三角城市群的人口数量已经接近西欧、北美、日本的世界级城市群。从 2005～2010 年各城市常住人口增长率来看，6 年间各城市常住人口增长率排前五名的分别是苏州、上海、南京、宁波、无锡，而南通、扬州和泰州市的人口略有下降，表现为负增长的趋势。

从土地城市化特征看，1985 年长三角区域建成区面积约 227km²，到 2005 年增加到 1031km²。而近十年（2000～2010 年），该地带建设用地比例从 17.97% 增长到 33.55%，耕地比例从 73.89% 减少到 55.58%。其中，上海市 1980 年、1990 年、2000 年和 2010 年的城市化水平分别是 61.2%、67.4%、74.6% 和 88.6%，对应的建成区面积是 140 km²、247 km²、550 km² 和 885.7 km²。苏州建成区由 1984 年的 50 km²，增长到 2005 年的 481 km²，增长了 8.6 倍。无锡建成区由 1984 年的 55 km² 增长到 2005 年的 359 km²，增长了 5.5 倍。常州建成区由 1984 年的 57 km²，增长到 2005 年的 247 km²，增长了 3.3 倍。另一核心城市南京，1978～2000 年城市化水平由 37% 上升到 70%，建成区面积由 1980 年的 116.9 km²，增长到 2010 年的 577.7 km²。长三角西南部的核心城市杭州，1990～2009 年城市化率从 40.5% 提高到 69.5%。1991～2005 年，耕地和水域的年递减率分别是 1.1% 和 2.7%，建设用地的增长率是 19.8%。

总体而言，自改革开放以来，长三角区域城市化格局的演变大致可概括为三个时期。

第一个时期，20 世纪 80 年代，长三角城市群形成了点状布局，即中心为上海市，副中心为南京市和杭州市。在改革开放初期该城市群内部各城市间不存在很紧密的联系，其作为一个整体没有被高度重视。上海对区域内其他城市的影响也只限在周边的部分城市（如杭州湾及苏南地区城市），没有凸显其中心城市的作用。尽管如此，该区域依然具有明显的行政区经济作用，作为省会城市的杭州和南京在经济上得到了快速发展，但其他较小城市发展缓慢。

第二个时期，20 世纪 90 年代，在全球化进程的推动下，我国经济得到迅速提升，长三角区域也有了快速发展。以浦东开发为标志的建设，有力地带动了周边地区的高速发展，构成了轴线发展格局。上海带动发展的区域范围由杭州湾、苏南扩展到了整个浙江和江苏，区域核心城市的作用得到凸显，轴向特征较为明显。另外，杭州和南京的次中心作用也进一步加强，由于区域交通条件的不断改善（如沪杭、沪宁高速公路的建设），带动了区域内其他城市的较快发展。

第三个时期，进入 21 世纪后，研究区域构成了网络化、多中心的格局，无锡、宁波、苏州等中心城市集聚。上海的目标是建设"四个中心"，上海在区域内的核心地位进一步提升，同时该城市群内其他城市也表现出良好的发展趋势。

（3）经济发展特征

长三角城市群地处我国东部"黄金海岸"和长江"黄金水道"的交汇处，无论对内还是对外的经济联系都十分便利。2010 年，该区域实现地区生产总值（不变价）

52 341.17 亿元，占全国经济总量的 19.47%，平均增幅达到 12.13%，比上年提高了 1.77 个百分点，高出全国平均水平 1.7 个百分点。按经济学家钱纳里提出的划分经济发展阶段的标准，"两省一市"长三角城市群已经进入发达经济初级阶段。其中上海实现生产总值（不变价）14 249.49 亿元，占长三角城市群经济总量的 27.22%，比上年增长 10.3%，上海自身的发展已经进入向服务经济转型的新阶段；浙江 6 个城市实现生产总值 14 274.33 亿元，占 27.27%，平均增幅为 12.17%；江苏 8 个城市实现生产总值 23 817.34 亿元，占 45.5%，平均增幅 13.22%。

长三角城市群自然禀赋优良，区位条件优越，有着吸引国际性资源要素的天然优势。配套的基础设施（如机场、铁路、公路等）对经济的发展起到了重要的作用。但在该区域近年来经济快速增长的，同时，也带来了巨大的能源消耗，再加上该区域人口密度高，土地承载压力本来就很大，使该地区的环境负荷逐年加重。以上海、杭州、南京为例，可以看出：一方面，经济的快速增长带来资源耗竭、环境污染的巨大压力；另一方面，随着生产方式的调整以及对污染物处理排放力度的加大，资源利用效率得到了明显提高。

2.1.2 生态环境特征

长三角地区经济的高速增长面临着生态环境质量下降的巨大压力。经济虽增长了，但生态环境破坏严重，长三角地区已经成为我国新的生态环境脆弱带。长三角区域的 15 个城市有 14 个属于酸雨控制区，几乎整个长三角都处在酸雨的威胁之中（陈健，2004）。湿地污染、土壤破坏和固体废弃物堆积等问题突出。地下水过度开采导致出现了大面积地表沉降。水质污染，生态退化明显，生态环境有不断恶化的趋势。

(1) 水环境污染问题

水资源短缺和水质污染问题严重。长江三角洲地区河网稠密、湖泊众多、降水充沛，水资源量南多北少，山区多平原少，平原区外来水丰富。但由于经济高速增长，全区人均水资源量仅为全国平均水平的 1/3，其中江苏和上海地区，人均仅分别为全国的 1/10 和 1/5（王颖等，2010）。除长江、钱塘江干流的水质保持良好外，长三角其余中小河流的水质污染均很严重，普遍出现季节性的或终年的湿地黑臭现象，特别是城市河流及大河流市区段。以长三角地区的母亲湖——太湖为例，20 世纪 80 年代初期，水质以 II 类清洁湿地为主，但到了 2004 年，在监测的 21 个点位中，属 IV 类、V 类、劣 V 类水质的点位比例分别为 19.0%、23.9% 和 57.1%，无 I～III 类湿地，主要污染指标为总氮，全湖处于中度富营养化状态（江滔，2006）。又如苏锡常地区，河网水质的污染主要来自工业污染和生活污水。其中，工业污染主要来自苏州和常州，生活污染主要来自市区。南京地区，近 50 年来地表河流明显减少，被各类建筑地表覆盖。其中，20 世纪 80～90 年代中期是南京水环境污染最为严重的阶段。1995 年以来主要污染物的排放量开始逐渐减少，但污染物排放量依然处于较高的水平（季斌等，2007）。

此外，城市地下水污染问题相当严重。上海、苏锡常和杭嘉湖地区的浅部潜水已普遍受到污染，该区大部分是沉积平原，潜水层的上部一般没有很好的隔水层，污染排入地表水很容易间接地造成地下水质的恶化。上海、南京等的老城区，市政管道系统老化，汇污和输送过程地下排水系统渗漏等，也是地下水污染的重要原因。

改革开放后，长三角地区快速的城市扩张、工业化和人口增长是导致城市周边水环境污染的重要原因。而不同城市的产业布局、人口规模、市政设施以及水环境保护政策措施都直接影响周边的水环境质量。

（2）大气污染问题

工业、交通和生活污染构成了点、线、面相结合的长三角城市区域的大气污染源。长江三角洲工业经济活动强度高，由燃煤、燃油、化工、有色金属冶炼、化肥生产、火力发电等行业排放的大量二氧化硫（SO_2）和氮氧化物（NO_x）是形成酸雨的主要物质。2004年的统计表明，上海、江苏、浙江降水 pH 平均值分别为 4.92、4.8～7.1 和 4.5，酸雨频度分别为 32.7%、28.7% 和 84.3%。其中，浙江省 14 个城市为重酸雨区，18 个城市为中酸雨区，全省已无轻酸雨区（江滔，2006）。

从 20 世纪 80 年代起，上海市实施了一系列环境保护措施，SO_2 和 TSP 为代表的煤烟型大气污染得到控制，但机动车辆快速增加，城区 NO_x 浓度逐年递增（方良平和李明敏，2008）。20 世纪 90 年代中期，NO_x 和悬浮颗粒物以及降尘成为南京市空气环境中的主要污染物，连续多年超过国家标准（周彬等，2006）。

快速的经济增长、大规模的工业活动是影响长三角地区大气环境质量的重要原因，但快速的城市扩张和密集的人类活动，对大气环境质量的影响越来越突出，尤其是在大中城市。

（3）城市热岛状况

2001～2008 年长三角地区城市热岛时空演变研究揭示，长三角城市都是热中心，以上海和杭州为转折点，贯穿其他城市，呈"Z"字形格局（杨燕丽，2010）。热岛夏季最强，春季次之，秋冬季大部分地区热岛现象不明显。城市扩张导致的土地覆盖变化是引起城市热岛增多增强的主要原因。上海是长三角地区热岛强度最强、最集中、面积最大的城市。其次是宁波，区域工业发达，城市化比例高。杭州、绍兴、苏州热岛也较强。其后是南京、无锡、常州。上海城市热岛效应强度在 1990 年前后发生转折变化，此前热岛强度随城市化的发展而上升变化相对较快，此后热岛上升速度则明显减缓。城市化发展对南京城市热环境的影响研究表明，1981～1998 年区域气候对城市增温的影响大于城市化的影响，而 1998～2006 年，城市化对城市增温的影响超过区域气候的影响（周彦丽等，2010）。杭州市 2004 年高温区、较高温区的面积比 1994 年分别增加 29.6% 和 31.3%，热中心的数量和范围明显增加和扩大，工业区和交通枢纽（火车站）等为主要热中心（黄金海，2006）。

城市热岛、城乡温度差异在长三角地区普遍存在，尤其是大型城市，热岛现象非常突出，热岛分布和强度与城市发展模式、土地景观布局有明显关系。

（4）土壤污染状况

城市化、工业化和农业集约化是长三角地区土壤污染的主要原因。其中，城市扩张一方面直接把大量优质土壤资源变为建筑用地；另一方面，城市化过程以及城市生产、生活排放的大量污染物导致周边土壤肥力下降、土壤环境质量恶化。为了满足长三角地区稠密的人口生活需要，近些年，城市郊区一直致力于促进高效优质农业的发展，施用了大量化肥和农药，加上城乡未经处理的生产、生活污染物的排放，土壤硝酸盐、重金属和有机物大量积累。2000 年太湖全流域农田土壤中"六六六"、"滴滴涕"、15 种多氯联苯同系物检出率达 100%，"六六六"和"滴滴涕"超标率分别为 24% 和 28%。而大中型城市及周边土壤的污染尤为严重和复杂，如杭州城郊大量农田受镉、砷、铅、铜、锌等多种重金属污染，致使 10% 的土壤基本丧失生产力。上海市郊主要设施蔬菜园艺中，有的土壤锌含量高达 517mg/kg，超标 5 倍之多，砷含量全部高于 5.0mg/kg 的安全线，有的已超过 10mg/kg 污染线，原则上已不适宜于无公害蔬菜的种植（江滔，2006）。城市近郊或周边土壤污染状况将直接影响城市居民的生活和健康。

（5）地面沉降问题

长三角是我国地面沉降最为严重的区域，1990 ~ 2001 年，年均地面下沉 16.4mm，苏锡常、杭嘉湖和上海累计沉降超过 200mm 的范围占该地区的 1/3（段学军等，2009）。地面沉降的主要原因是区域社会经济快速发展，地下水过度开采。1980 年以前，无锡地面沉降主要发生于中心城市区，与城市大量开采地下水有关；1980 年以后，城镇企业迅猛发展，地下水开采范围迅速扩大，形成了苏锡常三市相连的特大型水位降落漏斗，其中，无锡是地面沉降最严重的区域，1990 年以来苏锡常地区发生了 20 余起地裂缝灾害（李后尧和冯启严，2003）。

长三角地区地面沉降问题不仅影响局部地区居民的生活和安全，从长远看将影响整个区域的城市化进程和可持续发展。

（6）"三废"排放

由于长三角地区经济增长模式基本上以粗放型的外延式扩张为主，资源利用率较低，污染物排放率较高。2008 年的工业废水排放量、工业废气排放量和工业固废排放量分别为 1995 年的 3.4 倍、2.6 倍和 1.2 倍。这些指标均大大高于发达国家标准几倍甚至十几倍。上海 1999 ~ 2004 年，废气排放量和二氧化硫排放量分别增长了 72.7% 和 17.4%；其中，工业废气排放量增长了 46.9%，工业二氧化硫排放量增长了 32.9%（方烨，2006）。由于城市快速扩张及人口急速增长，居民生活代谢的生活废水、垃圾等排放迅速增加。1981 年上海工业废水排放占废水排放总量的 78.8%，到 2008 年，比例下降为 19.5%。20 世纪 70年代末期，上海生活垃圾清运量与建筑垃圾清运量基本上各占垃圾废弃物清运总量的 50%，而进入 80 年代，生活垃圾清运量占垃圾清运总量的比例持续上升，到 1991 年，生活垃圾清运量占垃圾清运总量的 75%，这与进入 90 年代以后上海大规模的城市开发建设密切相关（杨凯等，2003）。

近三十年，伴随着长三角地区社会经济的高速发展，"三废"排放总量是持续增加的。但不同的城市，由于其发展规模、产业结构以及人口布局不同，"三废"排放的结构、比例和污染物的组成有着明显区别。

2.1.3 生态环境保护现状

改革开放以来，长三角地区经济迅速发展，但是其经济增长模式基本上以粗放型的外延式扩张为主，资源利用率较低，污染物排放率较高，使得这里的自然资源相对短缺，环境污染日益严重。随着工业化、城市化进程的加快，该地区人口、资源、环境与经济发展之间的矛盾将越来越突出，不但制约该地区未来的发展，还将对全国的经济社会可持续发展产生严重的负面影响。

国务院 2010 年正式批复《长江三角洲地区区域规划》，将长三角地区定位为亚太地区重要的国际门户，全球重要的现代服务业和先进制造业中心。明确提出要发挥上海的龙头作用，努力提升南京、苏州、无锡、杭州、宁波等区域性中心城市的国际化水平，形成以特大城市与大城市为主体，中小城市和小城镇共同发展的网络化城镇体系，成为我国最具活力和国际竞争力的世界级城市群。

长三角地区的生态环境问题固然与区域内的工业化、城市化进程有关，但行政壁垒和地方逐利也是造成环境保护与治理问题多的重要原因。为加强区域生态环境保护，近年来长三角搭建了环境保护重点领域的合作平台，在区域环境管理政策的制定和实施、水环境综合治理、大气污染控制、环境监测和联合执法等方面进行了共同探索与合作，取得了一定的成效，但是区域生态环境的总体状况并没有得到根本性改变。主要原因在于长三角城市群建设没有较为清晰的发展方向和战略部署，各城市之间的战略联盟还没形成，缺乏协调统一的区域性监控，城市发展、产业布局、资源利用、生态环境保护规划方案等处于条块分割、各自为主的状态，亟待制订区域一体化城市化发展、资源利用和生态环境保护规划。

2.2 研究目标和任务

2.2.1 研究目标

针对"长江三角洲城市群"的城市化及生态环境变化特征，调查与评估改革开放 30 多年以来长三角地区的城市发展及对生态环境的影响，揭示城市扩张的生态环境效应，提出城市健康发展的生态环境问题防治对策。为进一步推进长三角地区社会经济发展、提高城市人居环境质量和增强城市生态系统服务功能提供科学支撑。

2.2.2 研究任务

从城市扩张、生态质量、环境质量、资源环境利用效率、生态环境胁迫 5 个方面对长三角城市群和重点城市的城市化和生态环境变化特征进行调查和评价。旨在明确以下几点。

1）1984～2010 年长三角城市群和重点城市城市化的状况、扩张过程和强度；

2）1984～2010 年长三角城市群和重点城市生态系统与环境质量状况及变化；

3）1984～2010 年长三角城市群和重点城市的生态环境胁迫特征；

4）长三角地区的生态环境保护建议对策。

2.3　研究框架

2.3.1　评估方法

根据研究任务，研究在两个"空间尺度"上开展（表 2-1）。第一个空间尺度是"区域城市群"，研究的基本空间单元是长三角 15 个地级市近三十年（1984～2010 年）的城市化和生态环境演变特征，具体包括 5 个时间节点（1984 年、1990 年、2000 年、2005 年和 2010 年）；另一个空间尺度是"重点城市"，研究的基本空间单元是长三角 6 个重点城市（上海、苏州、无锡、常州、南京和杭州）的建成区近十年（2000～2010 年）的城市化和生态环境演变特征，具体包括 3 个时间节点（2000 年、2005 年和 2010 年）。

表 2-1　长三角城市群区域空间范围

区域	省（直辖市）	地级市	辖县（区、市、自治县）
长三角城市群	上海		上海市市辖区、崇明县
	江苏	南京	南京市市辖区、江浦县、六合县、溧水县、高淳县
		苏州	苏州市市辖区、常熟市、张家港市、昆山市、吴江市、太仓市
		无锡	无锡市市辖区、江阴市、宜兴市
		常州	苏州市市辖区、常熟市、张家港市、昆山市、吴江市、太仓市
		镇江	镇江市市辖区、丹徒县、丹阳市、扬中市、句容市
		南通	南通市市辖区、海安县、如东县、启东市、如皋市、通州市、海门市
		扬州	扬州市市辖区、宝应县、仪征市、高邮市、江都市
		泰州	泰州市市辖区、兴化市、靖江市、泰兴市、姜堰市
	浙江	杭州	杭州市市辖区、桐庐县、淳安县、建德市、富阳市、临安市
		宁波	宁波市市辖区、象山县、宁海县、鄞县、余姚市、慈溪市、奉化市
		湖州	湖州市市辖区、德清县、长兴县、安吉县
		嘉兴	嘉兴市市辖区、嘉善县、海盐县、海宁市、平湖市、桐乡市
		绍兴	绍兴市市辖区、绍兴县、新昌县、诸暨市、上虞市、嵊州市
		舟山	舟山市市辖区、岱山县、嵊泗县

具体的研究内容是从"城市扩张"、"生态质量"、"环境质量"、"资源环境利用效率"和"生态环境胁迫"5 个方面对长三角区域城市化及其生态环境影响特征进行分析和

评价。采用的主要方法是针对上述 5 个方面，筛选有代表性的评估指标，通过计算、分析，定量地揭示长三角城市群的城市化和生态环境演变特征（表 2-2 和表 2-3）。

表 2-2　长三角城市群尺度的评估指标

序号	评价目标	评价内容	评价指标	数据来源
1	城市扩张	土地城市化	建成区面积及其占国土面积比例	遥感数据
		经济城市化	第一产业、第二产业和第三产业比例	遥感数据
		人口城市化	城市化人口比例	统计数据
2	生态质量	植被破碎化程度	斑块密度	遥感数据
		植被覆盖	植被覆盖面积及其所占国土面积比例	遥感数据
		生物量	植被单位面积生物量	遥感数据
3	环境质量	地表水环境	河流Ⅲ类湿地以上的比例、主要湖库面积加权富营养化指数	环境监测数据
		空气环境	空气质量达二级标准的天数	环境监测数据
		土壤环境	土壤污染程度	环境监测数据
		酸雨强度与频度	年均降雨 pH、酸雨年发生频率	统计数据
4	资源环境利用效率	水资源利用效率	单位 GDP 水耗（不变价）	统计数据
		能源利用效率	单位 GDP 能耗（不变价）	统计数据
		环境利用效率	单位 GDP 的 SO_2 排放量、单位 GDP 的 COD 排放量	统计数据
5	生态环境胁迫	人口密度	单位国土面积人口数	统计数据
		水资源开发强度	国民经济用水量占可利用水资源总量的比例	统计数据
		能源利用强度	单位国土面积能源消费量	统计数据
		大气污染	单位国土面积 SO_2 排放量、单位国土面积烟粉尘排放量	统计数据
		水污染	单位国土面积 COD 排放量	统计数据
		经济活动强度	单位国土面积 GDP	统计数据
		热岛效应	城乡温度差异	遥感数据

表 2-3　长三角重点城市尺度的评估指标

序号	评价目标	评价内容	评价指标	数据来源
1	城市扩张	土地城市化	不透水地表面积占建成区面积比例	遥感数据
		经济城市化	第一产业、第二产业和第三产业比例	统计数据
		人口城市化	建成区人口密度	遥感数据、统计数据
2	生态质量	地表覆盖比例	不同地表覆盖比例	遥感数据
		地表覆盖构成	斑块密度	遥感数据
		绿地构成	城市建成区绿地面积比例、城市人均绿地面积	遥感数据
		景观多样性	景观多样性和均匀度指数	遥感数据

续表

序号	评价目标	评价内容	评价指标	数据来源
3	环境质量	地表水环境	河流Ⅲ类湿地以上的比例、主要湖库面积加权富营养化指数	环境监测数据
		空气环境	空气质量达二级标准的天数比例	环境监测数据
		土壤环境	典型重金属（铅、镉、铜、锌）浓度	环境监测数据
4	资源环境利用效率	水资源利用效率	单位 GDP 水耗（不变价）	统计数据
		能源利用效率	单位 GDP 能耗（不变价）	统计数据
		环境利用效率	单位 GDP 的 SO_2 排放量、单位 GDP 的烟粉尘排放量、单位 GDP 的 COD 排放量	统计数据
5	生态环境胁迫	人口密度	单位国土面积人口数	统计数据
		水资源开发强度	国民经济用水量占可利用水资源总量的比例	统计数据
		能源利用强度	单位国土面积能源消费量	统计数据
		大气污染	单位国土面积 SO_2 排放量、单位国土面积烟粉尘排放量、单位国土面积氮氧化物排放量	统计数据
		水污染	单位国土面积 COD 排放量、单位国土面积氨氮排放量	统计数据
		固体废弃物	单位国土面积固体废弃物总量	统计数据
		经济活动强度	单位国土面积 GDP	统计数据

2.3.2 技术路线与内容框架

根据本书研究内容，绘制了研究的总体技术路线与内容框架图（图 2-2）。主要包括四个部分：①数据收集与预处理。本书涉及的数据主要有两个部分，一部分是多源遥感数据；另一部分是各类统计和监测数据。②数据处理和分析。包括两个主要部分，一是基于多源遥感数据提取地表土地覆盖信息，反演相关生态环境参数。例如，在区域尺度，主要基于中分辨率遥感数据（TM 和资源卫星）提取长三角 15 个城市的土地覆盖变化信息。在重点城市尺度，主要应用高分辨率遥感数据（SPOT 和 ALOS）提取长三角 6 个重点城市建成区或主城区的土地覆盖变化信息。二是处理和分析社会、经济统计数据和相关环境监测数据，也是围绕区域和重点城市两个尺度，目的是揭示长三角城市群社会经济发展特征和生态环境演变特征。③长三角城市群城市化过程及生态环境影响的综合评估。基于各类评估指标，在区域和重点城市两个尺度上，综合评估长三角区域近三十年的"城市扩张"、"生态质量"、"环境质量"、"资源环境利用效率"和"生态环境胁迫"变化特征。④成果总结。针对区域城市群和重点城市两个尺度，以空间专题图集和文字报告形式，总结本书的相关研究成果。

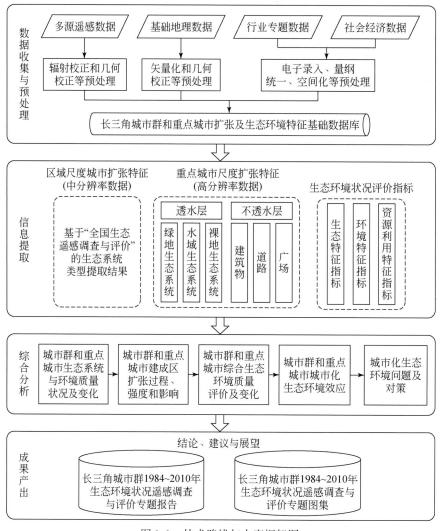

图 2-2 技术路线与内容框架图

2.3.3 数据来源与处理

(1) 遥感数据

"全国生态环境十年变化（2000—2010 年）调查评估"项目的主要目标之一，就是利用丰富的多源遥感数据源，定量提取全国陆地生态系统的土地覆盖/利用和相关生态参数特征。

关于土地城市化和生态质量评估方面，主要应用中分辨率和高分辨率的遥感数据。例如，在土地城市化评价中，区域城市群尺度上，主要应用中分辨率遥感数据（TM 和资源卫星）提取近三十年长三角 15 个城市的土地覆盖变化信息。在重点城市尺度上，主要应用高分辨率遥感数据（SPOT 和 ALOS）提取长三角 6 个重点城市建成区或主城区近十年的土地覆盖变化信息。在生态质量评价中，应用遥感数据反演生物量和地表温度。除了应用统一提取或反演的部分遥感参数，如 2000～2010 年基于中分辨率遥感数据提取的长三角区域土地覆盖信息，根据本研究的具体要求，本书补充了相关数据处理和分析，如在区域尺度，补充 1984～1990 年长三角的土地城市化特征；在重点城市尺度，2000～2010 年，应用高分辨率数据，分类提取长三角 6 个重点城市的土地覆盖信息。长三角区域热岛效应分析，采用 MODIS 数据反演的地表温度结果。表 2-4 列出了本研究补充的遥感数据清单。

表 2-4　遥感数据清单

收集的遥感数据清单	时相	数量/幅
中低分辨率遥感数据（TM 影像）	1984～1990 年	22
高分辨率遥感数据		67
SPOT 影像	2000～2005 年	32
ALOS 影像	2010 年	35
低分辨率遥感数据（MODIS 影像）	2000～2010 年	9
总计		98

（2）社会经济数据

关于长三角区域尺度的社会经济和资源利用等指标，主要采用全国和地方公开的各类统计数据。重点城市区县尺度的相关数据，主要通过地方不同区县走访，获得相关数据（表 2-5）。

（3）环境监测与统计数据

关于长三角区域尺度的环境监测和污染物排放等指标，主要采用环保部门公开的环境统计公告和相关文献数据，如已发表的相关学术工作数据（表 2-5）。

表 2-5　社会、经济和环境数据清单

收集的遥感数据清单	时相	数据来源
社会经济数据	1984～2010 年	各类公开出版的统计年鉴、统计部门的实地咨询调研
环境监测和统计数据	2000～2010 年	公开的环境统计公告、已发表的相关研究工作

第3章 长三角城市群城市化特征及变化

城市群是城市发展的最高级空间组织形式，最初在发达国家中形成并发展起来，随着发展中国家城市化进程的快速推进，城市群已经成为推动发展中国家经济发展的核心动力（方创琳，2009，2012，2014；顾朝林，2011）。如今，城市群已经成为推进我国城市化的主体形态，是我国城市化水平最高的经济核心区。城市化，是由农业为主的传统乡村社会向以工业和服务业为主的现代城市社会逐渐转变的历史过程，具体包括人口职业的转变、产业结构的转变、土地及地域空间的演变等。不同的学科从不同的角度对其有不同的解释，目前，国内外学者对城市化的概念主要从人口学、地理学、社会学、经济学等角度予以阐述。

本章重点从土地城市化、经济城市化和人口城市化三个方面，评估长三角区域的城市化特征。

3.1 土地城市化特征与变化

"土地城市化"主要指的是城市发展导致地表景观格局的变化。这种变化主要是自然的土地覆盖/利用景观向各类"人工用地"转变。但由于城市化过程非常复杂，不同城市对地表景观的改变模式不同。如果只从一个城市的"人工表面"面积或比例评价"土地城市化"则不够全面。因为中国城市的行政范围包括"城市用地"和"郊区用地"，其中，"城市用地"通常指核心城区内部的人工用地，"郊区用地"指的是非城市用地。城市的扩张发展，往往带动郊区的发展，即郊区"人工用地"也相应增加，如农村居民点的建设改造。这些现象在长三角城市群区域比较明显。

因此，本书在区域城市群尺度的"土地城市化"研究，建立了两个指标：一个是基于遥感信息提取的"人工表面"覆盖，包括以建设用地为主的各类人工用地，通过该指标可以定量地揭示每个城市人类活动对地表的改变。但这类"人工表面"不但包括城市用地，还包括城郊非城市用地，如农村居民点的建设。一个城市的"人工表面"总量要大于城市化用地。对于郊县发展缓慢的城市，"人工表面"面积和城市用地面积接近，因此，应用"人工表面"能较好地表征整个城市范围内人类活动对下垫面的改造。本书建立的第二个"土地城市化"指标是"主城区"或"建成区"范围，根据数据可获得性和实际研究需要具体选用，通过该指标定量地表征城市化过程中城区的外扩特征。通常，城市扩张的最显著特征是"主城区"的不断增加。很多城市在"主城区"扩张的同时，也伴随着周边卫星城的快速发展。在我国，城市的扩张模式主要是"主城区"的不断外扩。因此，本书基于遥感信息，定量地提取了长三角地区 15 个城市近三十年（5 个时间节点）的"主城区"

范围。结合每个城市的"人工表面"和"主城区"范围,定量地分析了长三角区域 15 个城市的土地城市化特征。

3.1.1 土地覆盖/利用变化检测

3.1.1.1 变化检测概述

城市化研究中遥感影像的选取经历了从低分辨率到高分辨率的变迁,其数据源的多元化为研究不同尺度、不同地域的城市化提供了强有力的数据支持。另外,遥感研究方法的不断发展为城市信息提取的准确性提供了技术支撑。全球化、土地利用变化、城市发展、空间数据库更新等关系到人民生活和人类社会可持续发展的一系列问题,集中起来都与地物目标的变化检测问题密切相关(周启明,2011)。

变化检测是研究城市扩张过程常用的方法,它是遥感信息科学和遥感应用领域的一个重要的研究方向(段赛仙,2013)。其概念的提取都是基于假定,即地物覆盖的变化必会导致地物辐射值的变化,并且由于地表覆盖变化引起的辐射值的变化大于其他因素引起的辐射值的变化(李向军,2006)。印度学者 Singh(1989)从广义的角度定义了变化检测:根据不同时间的多次观测来确定一个物体的状态变化或确定某现象的变化过程。我国学者赵英时(2003)在《遥感应用分析与方法》中定义变化检测是从不同时期的遥感数据中,定量地分析和确定地表变化的特征与过程。变化分为量变和质变,量变是同一类地物变化了多少,质变是不同类地物之间的转换。因此,遥感影像变化检测具体包括了四个方面的内容:一是确定研究区内感兴趣的地物等是否存在变化;二是确定发生变化的区域,确定该区域的范围;三是分析地物相互转换的类别;四是从时空上分析变化的模式和规律(陈鑫镖,2013;段赛仙,2013)。

近些年,随着对变化检测的深入研究,国内外学者相继提出了变化检测的方法。Lu 等(2004)按照检测方法不同将变化检测方法归纳为算术比较法、变化法、GIS 法、分类法、高级模型法以及视觉分析法等 7 种方法;根据是否需要先验知识分为监督检测法和非监督检测法;根据检测时分析的对象又可分为像素级、特征级、对象级;Coppin 等(2004)根据是否需要对图像进行分类,总结了分类后比较和直接比较两种方法,这是比较早的分类。

分类后比较法原理简单直观,主要是先将两景影像分类,然后对分类结果逐类地确定变化信息,其主要受到分类器的制约性较大。直接比较法应用比较广泛,它是直接比较两景不同时相的影像的光谱信息等特征,从而提取变化信息。主要包括差值法、比值法、植被指数差值法、主成分分析法、变化向量分析法、相关系数法、交叉相关分析法等(陈鑫镖,2013)。针对不同的方法,其算法和原理不尽相同,各有优势和缺点。例如,图像差值法通常情况下对配准较为精确的同源遥感影像的效果较好,但其缺点是无法体现出变化的类别(濮运辰,2013);主成分分析法的优点是可以压缩冗余信息,消除多波段影像的相关性,缺点是主成分的影像失去了原数据的物理光谱特性,只能依据几何、纹理等信息解译地物，同时要求不同时相的数据来自同一传感器（张晓东，2005）。另外，应用不同的方法提取的地物效果也有所不同。NDVI差分法是用两个时相的植被指数来代替原始图像，因此，在检测植被覆盖的变化时效果较好（班守峰，2008），一般用来检测植被、农作物生长态势等。图像差值法的主要缺点是不能体现变化类别，常用于检测海岸线环境变化、热带及温带森林变化、沙漠化与农作物变化等（桂林，2004）。面对众多的变化检测方法，很多人针对不同的研究目标选择了不同的方法，并进行比较试验，得出的结论基本一致：没有哪一种方法是最优并能够适用于所有应用的（周启明，2011）。

3.1.1.2 分类体系建立

长三角城市群土地覆盖/利用的分类体系采用的是"全国生态环境十年变化（2000—2010年）调查评估"专项的全国土地覆盖/利用分类体系的一级分类，主要分林地、草地、耕地、湿地、人工表面和其他六大类地物（表3-1）。其中，2000～2010年长三角土地覆盖/利用采用"全国生态环境十年变化（2000—2010年）调查评估"专项的全国土地覆盖/利用分类结果（图3-1～图3-3）。在此基础上，本研究通过建立变化检测方法，另对1984年、1990年两期的土地覆盖/利用进行了分类提取。

表3-1 分类体系建立及定义

序号	类型	定义
1	林地	木本为主的植物群落。其郁闭度不低于20%，高度在0.3m以上。包括自然、半自然植被及集约化经营和管理的人工木本植被
2	草地	一年或多年生的草本植被为主的植物群落，茎多汁、较柔软，在气候不适应季节，地面植被全部死亡。草地覆盖度大于20%以上，高度在3m以下。包括人类对草原进行保护、放牧、收割等管理状态的土地
3	耕地	人工种植草本植物，1年内至少播种一次，以收获为目的、有耕犁活动的植被覆盖表面
4	湿地	一年中水面覆盖在植被区超过2个月或长期在饱和水状态下、在非植被区超过1个月的表面。包括人工的、自然的表面；永久性的、季节性的水面；植被覆盖与非植被覆盖的表面
5	人工表面	人工建造的陆地表面，用于城乡居民点、工矿、交通等，不包括期间的水面和植被。由于人工表面常与绿地交叉，在制图单元内，人工表面占50%以上面积属于该类
6	其他	一年最大植被覆盖度小于20%的地表、冰雪

3.1.1.3 变化检测方法

(1) 变化检测原理

本节选取长三角的核心城市上海为案例，建立了土地覆盖/利用的变化检测方法，提取了上海地区2005年和2010年两个时间段的土地覆盖信息，并进行精度检验，然后，将该方法应用于长三角城市群1984年和1990年两个时间点的土地覆盖/利用信息提取。本研究发展的变化检测方法是基于先变化检测后分类的思路，在整个城市尺度和城市内部两个尺度上进行验证。针对不同尺度的土地覆盖/利用真实特征，将城市整体尺度分为人工

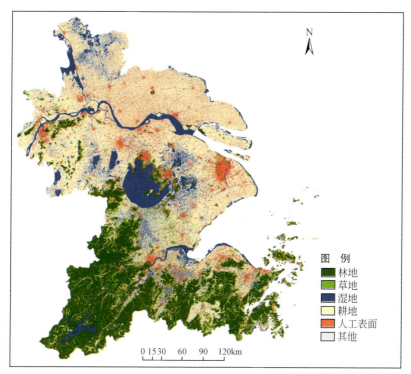

图 3-1　2000 年长三角城市群土地覆盖分类结果图

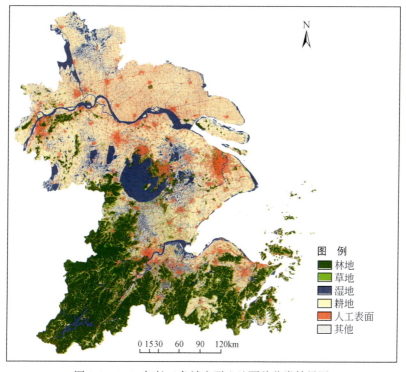

图 3-2　2005 年长三角城市群土地覆盖分类结果图

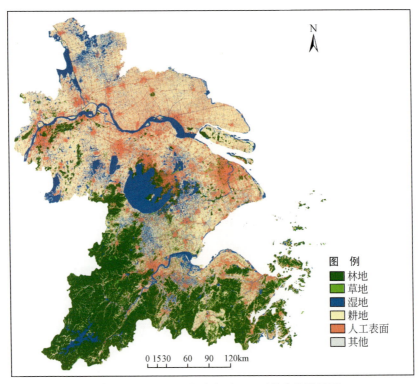

图 3-3　2010 年长三角城市群土地覆盖分类结果图

表面、湿地和植被三类，在城市内部尺度分为人工表面、植被、湿地和裸地四类。作为超大城市、经济文化中心和国际化大都市，上海快速的城市发展对生态环境提出了更高的要求。上海地区虽然同其他城市相似，土地覆盖/利用类型主要包括植被、人工表面和湿地等，但其空间分布非常复杂，具有极高的异质性。综合精准地提取不同土地覆盖/利用（植被、人工表面、湿地）信息，是分析像上海这样的我国快速城市化地区土地城市化及相关问题的重要基础。

　　基于相关文献调研，本节通过综合 NDVI 差值、相关系数与变化强度三种方法的优势，建立了融合多方法的适宜我国高度城市化地区的土地覆盖/利用的变化检测方法。据研究，NDVI 差值、相关系数与变化强度是土地覆盖/利用变化检测的重要方法，已经被广泛应用。例如，Lyon 等（1998）应用了 6 种植被指数检测了植被的变化，最终发现 NDVI 差值是最稳定的植被变化检测方法。Johnson 和 Kasischke（1998）指出变化向量分析法能够分配研究区域主要组分，但变化向量分析法对影像预处理和阈值的要求很高（陈晋和何春阳，2001）。郭海涛等（2009）应用相关系数原理对影像灰度进行匹配，实现了城市区域人工表面的变化检测。然而，无论应用哪种变化检测方法，在检测结果中，都会存在一定比例的误检测，这种误检测并非伪变化，而是不符合应用需求的真实变化。因此，在城市地区不仅要求高精度地检测光谱变化，还应排除无用的变化信息。综合上述三种方法，从植被含量、纹理信息以及灰度信息三个方面开展变化检测，以期在提高变化检测精度的同时，排除变化中不符合需求的误检测。

我们在城市的两个尺度上开展了研究工作，其中，在城市尺度采用空间分辨率30m的Landsat TM 影像，在城市内部尺度采用分辨率10m的多光谱影像和分辨率2.5m的全色波段影像。因受数据源限制，2005 年采用SPOT5 影像，2010 年采用ALOS 影像。因此，仅选取两种影像中，波谱段相同或相近的绿波段、红波段和近红外波段的三个波段，进行土地覆盖/利用信息提取。NDVI 差值、变化强度与相关系数分析方法的基本原理如下。

1）NDVI 差值检验方法。NDVI 差值法的原理是假设相同地物的NDVI 值在两期影像上相同，而不同地物的NDVI 值则差别较大，所以在对两期影像的NDVI 值求差时，差值的绝对值越大表示发生变化的可能性越大，差值的绝对值越小表示发生变化的可能性越小，如式（3-1）所示：

$$\text{NDVI} = \frac{\text{Band}_{\text{NIR}} - \text{Band}_{\text{R}}}{\text{Band}_{\text{NIR}} + \text{Band}_{\text{R}}} \tag{3-1}$$

式中，Band_{R} 为红波段值；Band_{NIR} 为近红外波段值。

对于Landsat TM5 影像红波段和近红外波段分别为第三波段和第四波段。对于SPOT5 影像，红波段和近红外波段分别为第二波段和第三波段。ALOS 影像的红波段和红外波段分别为第三波段和第四波段。

然后，分别将两期影像计算得到的NDVI 值，代入式（3-2），求得最终的NDVI 差值特征参数空间分布结果（N）。其中，t_1、t_2 分别表示影像获取的前后两个时相，如式（3-2）所示：

$$N = \left| \text{NDVI}_{x(t_1)} - \text{NDVI}_{x(t_2)} \right| \tag{3-2}$$

2）变化强度检验方法。变化强度计算了时相 t_1 与时相 t_2 影像之间的距离。它可以利用多个光谱波段或特征参数波段，直接计算波段间距离的大小。变化强度对光谱间距离越大越为敏感，理论上认为两期影像间DN 值（G）距离较远的检测能力较强，在影像上体现为纹理明显，如式（3-3）所示：

$$G = \sqrt{\sum_{k=1}^{n} \left[x_{ij}^{k}(t_1) - x_{ij}^{k}(t_2) \right]^2} \tag{3-3}$$

式中，$x_{ij}^{k}(t_1)$ 为 t_1 时相第 k 波段在 i 行 j 列的像元光谱值。

很多研究结果证明，对影像先进行标准化，再代入变化强度计算时，获得的变化强度特征分布信息效果最好，标准化如式（3-4）所示：

$$\text{Band}_t(\text{BZH}) = \frac{\text{Band}_t(x_{i,j}) - \text{Band}_t(\text{MIN})}{\text{Band}_t(\text{MAX}) - \text{Band}_t(\text{MIN})} \tag{3-4}$$

式中，Band_t（BZH）为标准化计算结果；Band_t（$x_{i,j}$）、Band_t（MIN）、Band_t（MAX）分别为第 t 波段（x, y）处的DN 值、t 波段的最小值和 t 波段的最大值。

在城市尺度中代入Landsat TM5 的1~7 共七个波段，在城市内部尺度中代入SPOT5 的1~3 波段和ALOS 的2~4 波段。

3）相关系数检验方法。相关系数变化检验方法主要运用了统计学，基于不同地物的反射光谱特征的相关关系，即光谱相似度越高，相关性就越大。在计算结果中，纹理较为平滑，表示两期影像间光谱变化波动较小，相关程度高。相关系数（R）越大，对未变化的信息越为敏感。具体如式（3-5）所示：

$$R = \frac{\sum_{k=1}^{n}\{[x_{ij}^k(t_1) - \bar{X}_{ij}(t_1)] \cdot [x_{ij}^k(t_2) - \bar{X}_{ij}(t_2)]\}}{\sqrt{\sum_{k=1}^{n}[x_{ij}^k(t_1) - \bar{X}_{ij}(t_1)]^2 \times \sum_{k=1}^{n}[x_{ij}^k(t_2) - \bar{X}_{ij}(t_2)]^2}} \qquad (3-5)$$

式中，$\bar{X}_{ij}(t_1)$ 为 t_1 时刻 n 个波段在 i 行 j 列的平均值。

4）三种方法融合的检测方法。融合变化检测方法是将多种检测方法优点进行耦合，提高不同类型土地覆盖/利用变化信息的提取精度。因此，融合可以是将某种方法加入另一种方法的检测过程中去，也可以是几种检测方法结果的综合。后者可以弥补各方法理论上先天的缺陷，从理论上降低误检的可能。

（2）提取步骤

本研究建立的变化检测方法的主要思路流程如下。

1）影像预处理。影像预处理是为了提高影像信息提取能力、提高影像应用服务价值，而在正式进行信息提取前进行的准备工作。常见的影像预处理包括几何校正、辐射校正、影像融合、研究区域提取以及云处理等步骤。

几何校正是在影像空间信息丢失或出现误差时，进行的空间信息恢复或修正工作。另外，还有一种相对几何校正，即空间配准，是将两景或多景覆盖同一区域影像的空间位置进行匹配，使在影像上出现移位的地物回到应在的位置。

辐射校正是指对影像的光谱值进行的处理工作。主要是为了去除影像光谱值中的背景误差或者由影像获取季候不同而导致的不同影像的光谱值差异。但是，不同于几何校正，在土地利用/覆盖信息提取过程中，影像间的辐射差异是允许存在的。而在变化检测过程中，普遍采用相对辐射校正的方法减少影像间因传感器、物候等差异造成的光谱差异。

影像融合是为了提高对分辨率较低影像中信息的分辨能力，一般是同一传感器同一时间获取的分辨率较高的全色影像和分辨率较低的多光谱影像进行融合。

通常，不同研究区域因研究目标的不同而存在较大差异。研究区域提取主要分为自然研究区域提取和人为性质区域提取。自然研究区域主要是因土地利用/覆盖自身分布和存在特点而划分的区域，而人为性质区域则是以人的需要为依据而进行的区域硬性划分。

传统的影像获取时间是以遥感卫星通过获取地点的固定时间而定的，是强制存在，不可改变的。以此获得的影像上物体分布存在较大的现时性。而云层作为大气层中对可见光和近红外光等存在较强阻隔作用的位于地面上空的存在，不得不被记录在影像中，干扰甚至阻断了信息提取。并且，随着云层分布面积的增大，如果不将其剔除，大量的干扰因素引入变化检测过程中，容易导致检测精度下降。因此，适当提出或去掉云层的干扰是必要的。

2）变化特征计算。这是变化检测过程的核心步骤，选用不同的变化检测方法会有不同的特征参数计算过程。而特征参数的计算是对影像上表征的地物信息的再分化过程，通过不同变化检测方法的不同特质，分离以该变化检测方法为评价标准的定量表征的变化和未变化程度的过程。

分割的过程就是位置相邻、光谱相近的像素聚合的过程。特征参数值波段是对需要提取的地表信息的高度概化，对特征影像的分割就是得到土地覆盖相应尺度下带有集合结构和位置信息的假设逻辑地物。基于对象的方法增加了土地覆盖的逻辑结构信息，减少了椒盐效应，提高了分类结果的合理性。

根据前人的研究成果，可以对 30m 分辨率的 TM 影像进行面向对象的分类，即可以对 TM 影像进行分割。另外，在对 TM 影像和高分辨率影像进行分割时应注意，因空间分辨率的不同，表征出的空间细节不同，在对高分辨率影像和中分辨率影像进行分割时选择的参数不同。对于 TM 影像这种以"模糊"形态表征城市在空间上延展的，应采用尽量忽略形状信息的方式，相比更侧重空间紧密度，并应采取稍小一点的分割尺度，以使分割与中分辨率的空间特性紧密联系。而对于具有更多空间细节信息的高分辨率影像来说，则应采取形状与紧密度并重的方式。另外，因为本研究侧重于比较集整地获取城市土地利用/覆盖信息，因此，应采用较大的分割尺度，尽量让属于同一地物单元的不同结构信息分布于同一分割单元，即对象内。

3）阈值选取。通常，影像上每个像素的光谱值是像素内地物光谱特征的综合反映。这反映的不仅是地表覆盖物的质地特征，还包括地表覆盖物当前所处的状态属性，如土壤的水分含量、植被覆盖量、水泥路面的水分含量、上面附着的灰尘量等。另外，光谱值还受到太阳辐射、传感器等的影响，很容易使光谱值存在轻微的浮动。这些都导致影像上的光谱值整体分布于某个范围内，呈现连续的波动状态。

量变最终导致质变，阈值的设定就是最终确定的一个值。可以认定在这个值的一侧，影像上的像元处于未变化状态，而另一侧则可以认定影像上的光谱值都发生了变化。即假定一幅影像上位于 (x, y) 位置的像元包含的亮度信息大于阈值时为变化，小于等于阈值时设定为未变化，如式（3-6）所示：

$$I(x, y) = \begin{cases} 1 & I(x, y) > T \\ 0 & I(x, y) \leqslant T \end{cases} \tag{3-6}$$

式中，T 为阈值；$I(x, y)$ 为影像上位于 (x, y) 位置的影像亮度值。

一般在检测时突出变化信息，将未变化信息设置为背景值 0。

本研究运用直方图拟合法，通过选取样本的均值和方差获得变化和未变化类别的高斯曲线参数，并求取两曲线的交点作为阈值。样本选择以兼顾各个类别以及全图范围内选取为原则。分别求得相关系数、变化强度和 NDVI 差值的未变化与变化类别的均值和方差，并代入正态分布函数，如式（3-7）所示：

$$f(x) = \frac{1}{\sqrt{2\pi}\sigma} \exp\left[-\frac{(x - \mu)^2}{2\sigma^2}\right] \tag{3-7}$$

最终求得变化类别的正态分布直方图和未变化类别的正态分布直方图，得到最终的拟合结果及交点。根据交点位置，选出最后符合要求的阈值。

4）检测融合与评价。理论上认为，被任意方法检测为变化的区域都发生了变化，而被检测为变化的区域具有各样的变异特征。本研究就是通过整合变化区域的变异特征，将所有变化区域分为不同的小类。通过判断每个小类是否为需要的变化，断定每一个小类其是否为变化类别。

以每种变化检测方法最终确定的阈值为界限，划分为变化类和未变化类。对三种方法分别提取的分类结果进行空间叠加，并把三种方法变化类别的空间叠加结果进行分类。对三种方法全部分为未变化类别的赋予 2010 年已有的土地利用/覆盖分类结果。另外存在仅一种检测方法检测为变化的类别，两种检测方法都检测为变化的类别和三种方法都检测为变化的类别。分别是仅相关系数（简称 R）、仅变化强度（简称 G）、仅 NDVI 差值（简称 N）、相关系数和变化强度（简称 RG）、相关系数和 NDVI 差值（简称 RN）、变化强度和 NDVI 差值（简称 GN）及相关系数、变化强度、NDVI 差值都检测为变化的类别（简称 RGN）。

在类别分好后，分别比较不同变化类别（R、G、N、RG、RN、GN、RGN）间检测的真实土地利用/覆盖类别、光谱与纹理等特征，对检测结果进行定性评价。并选取其中真实需要的检测为变化的区域合并为最终的变化检测结果。把不符合评定的变化类别，重新划分进未变化类别，并赋予 2010 年土地利用/覆盖结果。

具体操作步骤如图 3-4 所示。

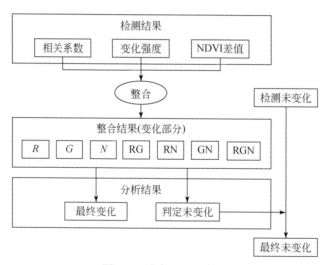

图 3-4　融合过程示意图

5）精度评价。本研究基于像素的方式进行精度评价。在分类结果上，随机选取离散点，以目视评定的方式分别确定每个点是否被正确分类。如果整景或某一类的精度不能满足要求，则需要返回上一步骤重新分类。本研究运用 ERDAS IMAGINE 2010 的精度评价模块，验证本方法精度。在检测结果类别图上选取 500 个未变化随机点，以及 500 个变化随机点并保证每个叠加部分至少有 50 个随机点。

（3）操作流程

以 2005 年上海地区为例，在不同尺度下先进行特征参数计算，应用基于对象的方法，根据数据可获得性采用相近年份数据，通过选取阈值区分变化与未变化区域，并根据已有的上海地区 2009 年土地利用/覆盖数据，对 2002 年未变化的区域赋值，而对于 2005 年变化的区域采取直接分类的方法，并最终合成2005年整个上海研究区的土地利用/覆盖信息（图3-5）。

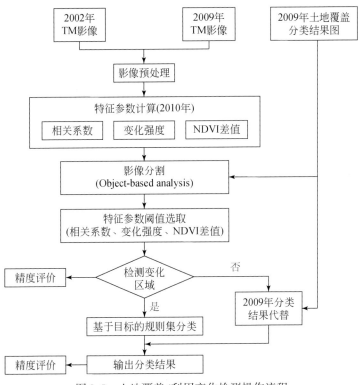

图 3-5   土地覆盖/利用变化检测操作流程

在城市尺度选取2002年和2009年的 Landsat TM5 影像，在城市内部尺度选取2005年的 SPOT5 影像和 2010 年的 ALOS 影像。应用 ArcGIS10.0 进行影像的几何配准。应用 ERDAS 进行影像的直方图匹配。应用 ERDAS 的 MODEL MAKER 模块，进行 NDVI 差值法、变化向量分析法、相关系数法三种变化方法的特征参数计算。采用 eCognition 进行多时相光谱分割，输出每个对象的特征参数均值，并选取变化和未变化样本。在 Excel 中进行每种变化检测方法的对象特征分布统计。根据采样获得的变化和未变化的样本特征，在 Matlab 中进行直方图拟合。根据拟合直方图结果确定最终阈值。最终在 eCognition 中对变化区域进行决策树分类，对未变化区域赋予 2009 年土地利用/覆盖信息。

3.1.1.4   面向对象的分类方法

随着遥感影像分辨率的提高，结构、纹理等空间信息越来越丰富。仅仅依靠像元的光谱信息分类，着眼于局部像素而忽略邻近整片图斑的纹理、结构等信息，必然会造成分类精度的降低，进而影响后续的研究应用。因此，传统的基于像元的分类方法在很多高分辨率的遥感影像信息提取中并不适用，基于目标的分类方法应运而生。

面向对象分类方法是根据影像的光谱特征、纹理结构等信息，把影像分割成具有相似特征的子区域，以形成影像对象，并以影像对象为信息提取的基本单元，结合影像对象的光谱特征、几何结构特征、纹理信息、语义关系等实现地物类别信息的自动提取（Hay et al.，2001）。因此，面向对象的方法是以影像中的像素集合为分析单元，并充分考虑对象与周围环境之间的联系等因素，借助对象特征知识库提取影像信息。

面向对象影像分析有两个独立的模块：对象生成与信息提取。对象生成即是采用影像分割技术生成影像对象的过程，是面向对象图像处理方法的一个关键步骤。它是整个方法体系的前提和基础，后续分类过程以及分类结果的好坏在很大程度上取决于影像分割，面向对象信息提取方法中多尺度分割是自下而上的分割，在分割过程中根据同质性标准连续合并像元或对象（陈涤非，2013）。信息提取即是根据影像对象的光谱特征、空间位置、形状特征、纹理特征等信息，提取影像地表覆盖信息。

3.1.1.5　变化检测（以上海为例）

（1）数据预处理与特征参数提取

首先以上海市行政边界为依据，划定整个上海的影像空间分布范围。对2009年的TM影像做去云处理，同时，将2009年被云层覆盖的2005年TM的相同区域也去除掉，以保证数据的一致性（图3-6）。

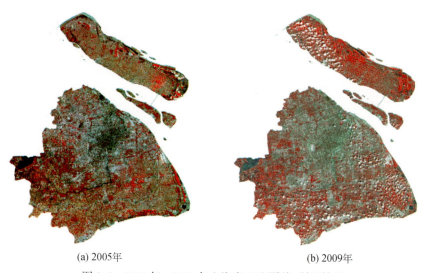

(a) 2005年　　　　　　　　　　　　(b) 2009年

图3-6　2005年、2009年上海市土地覆盖/利用特征

在进行特征参数计算时，由于不同的特征参数特性不同，因此，针对不同的特征参数分别选取相应的辐射校正方法。其中，相关系数采用相对辐射校正，变化强度采用影像标准化，而NDVI差值则不做辐射校正处理（图3-7）。此时，计算得到的是零散分布的相邻像素的特征参数空间分布图。为了提高城市地区影像变化检测和解译的效果，本研究采用多时相影像分割的方法，得到上海地区的面向对象的特征参数计算结果。

（2）阈值选取

相关系数法是通过检测两期影像间相同对象之间统计相关性的大小来确定变化的程度。将相关性过小的对象认为是变化的区域。本研究计算得到的相关系数结果，呈现出极

(a)相关系数图 (b)变化强度图 (c) NDVI差值图

图 3-7　特征参数计算结果

其相关（大于 0.97）的部分较少，而比较相关的部分较多，在 0.97 处达到最大值。而几个极值分别为 0.57、0.69、0.82。经目视判定 0.82 较为适宜，因此本部分选取 0.82 为阈值。设定小于等于 0.82 的部分为相关系数判定的初步变化区域。

本研究得到的变化强度大多为 0.4～0.08。极值为 0.09、0.11、0.24、0.35，目视判定，选取阈值为 0.09，设定大于等于 0.09 为变化强度初步判定的变化区域。

NDVI 差值较以上两种特征参数，检测结果直方图分布分散，这主要是影像选取时间的物候期相差较大造成的。此部分极值为 0.11、0.15、0.18、0.21、0.24、0.29。本研究选取 0.29 为阈值点，设定大于等于 0.29 的部分为 NDVI 差值判定的初步变化区域（图 3-8）。

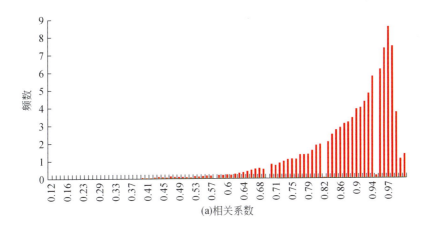

(a)相关系数

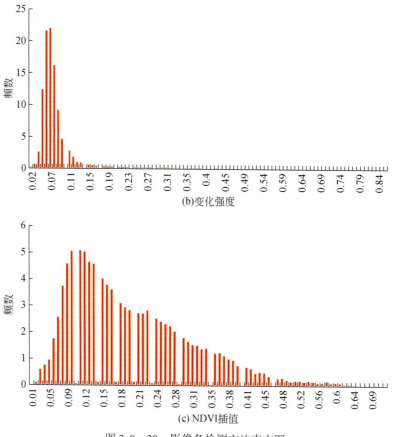

图 3-8　30m 影像各检测方法直方图

（3）检测结果融合

将三种变化检测方法的检测结果进行空间叠加，对产生的 7 种变化类别进行目视判读和对比。结果发现，每个检测部分都有各自不同的检测特征（表 3-2 和图 3-9）。

表 3-2　城市整体尺度变化结果整合类别

类别	面积比例/%	变化说明
未变化	65.43	未变化
R	5.04	水分含量的变化
G	9.13	主要为建筑设施变化
N	0.82	植被含量变化为主，都是假变化
RG	0.98	植被和湿地间的变化
RN	15.05	耕地季候变化和高亮建筑，极少真实变化
GN	0.02	面积小，但都是真实变化。植被和湿地
RGN	3.53	主要为耕地和建筑之间的变化

从表 3-2 中可以看出，相关系数法对地表水分含量的变化非常敏感，变化强度法则主要对亮度的变化非常敏感，而 NDVI 差值法则对植被含量的变化非常敏感。这三者刚好对应了城市尺度下人工建筑（亮度特征明显）、植被（NDVI 特性鲜明）以及湿地（光谱平滑，相关性高）三种主要覆盖物的影像特征。

根据表中目视观察结果，保留 R、G、RG、GN、RGN 五部分为最终变化结果。将 N、RN 两类归并到未变化的类别中，赋予 2010 年上海地区 30m 分辨率的土地利用/覆盖信息（图 3-9）。

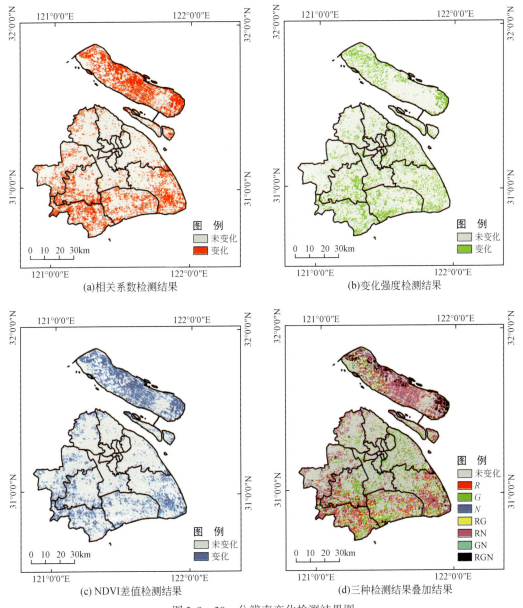

(a)相关系数检测结果　　　　　　(b)变化强度检测结果

(c) NDVI 差值检测结果　　　　　　(d)三种检测结果叠加结果

图 3-9　30m 分辨率变化检测结果图

影像中，关于 NDVI 差值法的部分，主要是假变化，这应该与两期影像的获取时间刚好处于不同的物候期有关。NDVI 差值法虽然没有起检测变化的作用，但也帮助相关系数法排除了假变化的成分。整合多方法的变化检测可以有效排除因物候差异造成的"误检测"，有效提高检测精度。

（4）精度评价

在 30m 分辨率下，应用相关系数、变化强度和 NDVI 差值法取得的变化检测精度与 Kappa 系数分别为 77.3% 和 0.532、67.5% 和 0.326、71.9% 和 0.415，而采用融合的方法所得的变化检测精度与 Kappa 系数则分别为 88.2% 和 0.764（表 3-3～表 3-6）。由此可见，融合检测的方法确实提高了城市土地利用/覆盖变化检测精度。

表 3-3　30m 分辨率相关系数法检测精度评价

项目		动态监测信息			
		变化	未变化	制图精度	错分精度
参考信息	变化	264	201	56.77%	43.23%
	未变化	26	509	95.14%	4.86%
	用户精度	91.03%	71.69%		
	漏分精度	8.97%	28.31%		
	总体精度 = 77.3%　　Kappa = 0.532				

表 3-4　30m 分辨率变化强度法检测精度评价

项目		动态监测信息			
		变化	未变化	制图精度	错分精度
参考信息	变化	195	270	41.94%	58.06%
	未变化	55	480	89.72%	10.28%
	用户精度	78.00%	64.00%		
	漏分精度	22.00%	36.00%		
	总体精度 = 67.5%　　Kappa = 0.326				

表 3-5　30m 分辨率 NDVI 差值法检测精度评价

项目		动态监测信息			
		变化	未变化	制图精度	错分精度
参考信息	变化	203	262	43.66%	56.34%
	未变化	19	516	96.45%	3.55%
	用户精度	91.44%	66.32%		
	漏分精度	8.56%	33.68%		
	总体精度 = 71.9%　　Kappa = 0.415				

表 3-6　30m 分辨率融合方法检测精度评价

项目		动态监测信息			
		变化	未变化	制图精度	错分精度
参考信息	变化	424	42	91.00%	9.00%
	未变化	76	458	85.80%	14.20%
	用户精度	84.80%	91.60%		
	漏分精度	15.20%	8.40%		
		总体精度=88.2%　　Kappa=0.764			

这种精度提高的原因,推断为融合检测结果排除了相关系数法中耕地物候变化和建筑物内部的变化引起的误差、排除了 NDVI 差值法中植被生长旺盛程度和物候差异带来的误差,因此,融合检测的方式检测结果精度高于相关系数法和 NDVI 差值法。相对于相关系数法和 NDVI 差值法中的误检,融合变化检测方法降低了变化强度法的漏检率,主要为湿地的变化。因此,融合变化检测方法的精度也要高于变化强度法。

由此可见,融合多种变化检测方法在城市地区 30m 空间分辨率下的检测精度确实要高于单一检测方法的检测精度,取得了令人满意的效果。

3.1.1.6　土地覆盖/利用格局特征与变化

基于融合的变化检测方法,结合面向对象法,以 2010 年长三角城市群分类结果为基础参考数据,提取了长三角城市群 1984 年和 1990 年土地覆盖信息(图 3-10 和图 3-11)。

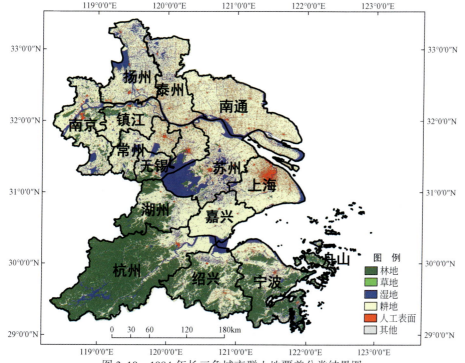

图 3-10　1984 年长三角城市群土地覆盖分类结果图

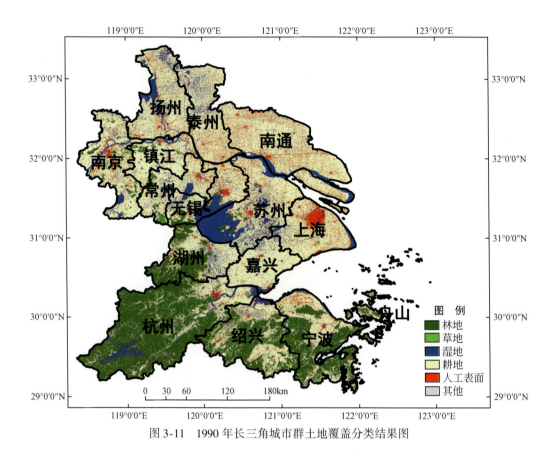

图 3-11　1990 年长三角城市群土地覆盖分类结果图

本小节通过基于目标分割的变化检测方法，以上海为例，提取了长三角典型城市区域的土地覆盖类型变化特征，可以得到以下结论。

1）不同方法对变化地物的检测能力不同。相关系数法对于植被与湿地的变化敏感；变化强度法对于高亮度建筑的变化敏感，但容易受到影像质量影响；NDVI 差值法对植被变化响应度较高。

2）基于变化检测法进行分类，其结果受变化区域提取的影响，因此三种方法融合提取变化地物的提取精度更高。结合三种方法的变化检测总体精度为 88.2%，明显高于单独一种方法的精度（相关系数法精度，77.3%；变化强度法精度，67.5%；NDVI 差值法精度，71.9%）。

3）利用基于目标分割的变化检测法提取地物信息，减少了工作量、节约了时间成本。

城市是复合生态系统，其发展类似于一个生命的成长过程（张晨和周婷，2008），在不同阶段其发展的规律、形态、格局等都有所不同。城市的扩张是集合自然因素和社会因素的综合作用导致的结果。我们知道，城市化除表现在城市人口增长、城市非农业人口比例增加外，城市空间区域的扩张也是一个重要的衡量指标（许学强等，1997）。随着城市化进程的加快，城市扩张是一个必然的趋势。城市扩张是城市化进程的直接表现形式之一。城市建设用地扩张往往能够体现城市化水平，同时，城市扩张过程中是否实现空间合理利用、是否实现高密度开发，是评判城市建成区扩张合理性的重要标准（徐梦洁等，2011）。

在国内外城市及城市群扩张模式相关理论研究的支持下，本章结合 1984～2010 年的遥感影像分类结果，根据人工表面这一地物覆盖类型，提取城市建成区的边界外轮廓，定义基于遥感影像的"建成区"、"中心城区"和"卫星城区"。在此基础上，探讨长三角城市群不同尺度（即区域尺度和城市尺度）下，长三角城市群城市建设用地的扩张模式以及不同城市的区域空间差异。

3.1.2 建成区的提取

（1）相关概念界定

近年来，国内开展了一系列关于城市扩张、土地城市化等的相关研究，对于与城市有关的"建成区""中心城区""卫星城区""人工表面"等一系列名词都有相关解读。

在景观生态学中，城市扩张是城市发展过程中，地表景观的变化，这种变化是"人工表面用地"与其他类型用地的转化。这里所说的"人工表面"即是人类建设用地，是土地覆盖类型的一种。它的变化反映了人类对土地覆盖的改造过程，在一定程度上能够反映土地城市化进程以及土地扩张模式。"人工表面"主要是基于遥感数据获取，能够准确地体现当时人类建设用地（或不透水地表）的形态。但是，用"人工表面"的分布和变化来衡量城市扩张或城市化还不全面，主要有两方面原因：一是从遥感影像上提取的"人工表面"包含内容"单一"。这里所说的"人工表面"仅仅是土地覆盖类型，只包含"不透水地表"这一类地物，缺乏理论定义的城市建成区包含的部分公共设施，如公园、城市绿化带、河道等。二是"人工表面"包含区域"不单一"。"人工表面"是遥感影像提取的结果，遵循影像事实，却忽略了实际情况，它不仅包括"城市用地"，还包括"非城市用地"，如农村居民点。本章在此基础上提取了"建成区"范围。

"建成区"指中国城市中的城市化区域（李爱民，2009）。建成区的概念被广泛使用，按照《城市规划基本术语标准》（GB/T 50280—98）中的定义，城市建成区是城市行政区内实际已成片开发建设、市政公用设施和公共设施基本具备的地区（胡忆东等，2008）。建成区范围，是指建成区外轮廓线所包含的地区。它是一个闭合的完整的区域，不仅包括核心城区，还包括其余城镇地区。在本章中主要依据城市"建成区"的概念，结合实际，利用第3章分类结果中"人工表面"这一地物覆盖类型，提取并确定长三角城市群建成区范围。因此，本章中的建成区不仅与理论相结合，同时基于遥感影像提取，与实际更为符合。

建成区发展过程中，总有主与次之分。中心城区作为城市的核心区域，其发展和演化在城市空间扩张进程中是必要的一环，在现代大都市的形成与发展中起到举足轻重的作用（翟国强，2007a）。城市中心一般是指集中城市经济、政治、文化等功能的核心区域，它不仅是城市的中心，也是区域中心（翟国强，2007b）。因此，中心城区是城市发展的核心，以主城区为主体，并包括近郊地区，是在政治经济、文教科技、商业服务、交通运输、金融信息等方面都具有吸引力和辐射力的，一般具有优越的交通地理位置的，有一定规模的城市区域（翟国强，2007b）。根据数据可获得性，常用主城区数据作为代表。与"中心城区"相对应的另一个概念是"卫星城区"，它是大城市体系中的一个层次，依附于中心城区，分布在中心城区周边而又与中心城区相对独立（韩薇，2006），是为分散中心城区的人口和工业而新建或扩建的具有相对独立性的城镇。城市建成区扩张过程也伴随着卫星城区的扩张。在理论的基础上，本章结合实际城市中心城规划，将建成区又分为"中心城区"和"卫星城区"，分别确定了每个城市的"中心城区"，并规定其余建成区为"卫星城区"。两者都是基于遥感影像提出的，但是保持其意义与理论上概念一致，能够反映城市化进程中城市扩张的趋势及模式。

（2） 建成区边界提取方案

单位面积内建设用地面积所占的比例在一定程度上可以反映城市化发育水平的差异，可以据此构建城市化梯度模板（马晓冬，2007）。本研究通过生成渔网（fishnet）对长三角城市群（15 个城市）5 个时间节点经过解译后得到的分类影像进行建成区范围提取。由于每个城市的土地城市化程度有差异，因此，城市建成区边界的提取主要是针对每个城市进行的。

提取原则是根据每个城市的城市化程度，参照 Google Earth 影像中城市的模糊边界范围，确定渔网的大小，提取出城市化指数大于 50% 的网格作为建成区。渔网的选择是一个反复试验的过程，直到得到最佳的渔网大小。在本章中渔网的大小为 800m×800m ～ 1200m×1200m。城市化指数计算如式（3-8）所示：

$$U_i = \left(\frac{C}{T}\right) \times 100\% \tag{3-8}$$

式中，U_i 为网格 i 的城市化指数；C 为网格 i 中人工表面的面积；T 为网格 i 的面积。其中人工表面的面积通过 ArcGIS10.0 中 Zonal 版块计算得到。将网格内建设用地面积大于 50% 的网格提取出来，然后对其进行填补、删除及边界修整，得到最终提取结果（以上海为例，图 3-12）。

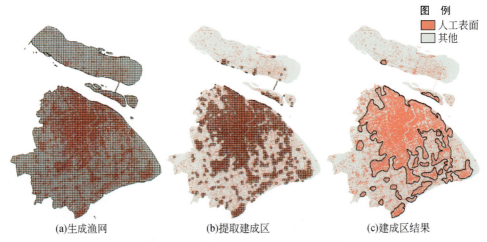

图 例
■ 人工表面
□ 其他

(a)生成渔网　　　　(b)提取建成区　　　　(c)建成区结果

图 3-12　2010 年上海建成区提取过程

根据以上规则，基于 TM 影像分类结果，提取长三角城市群其余城市 5 个时间节点的建成区边界。各城市建成区边界提取结果见图 3-13 ～ 图 3-17。

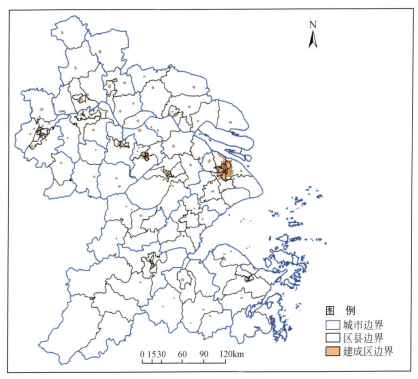

图 3-13　1984 年长三角城市群建成区边界图

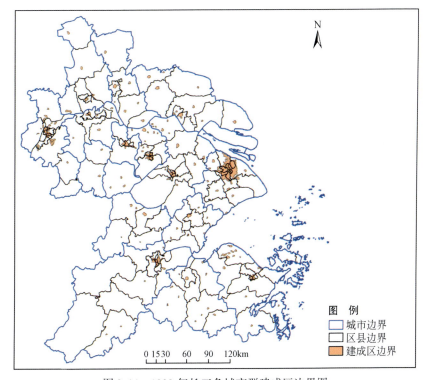

图 3-14　1990 年长三角城市群建成区边界图

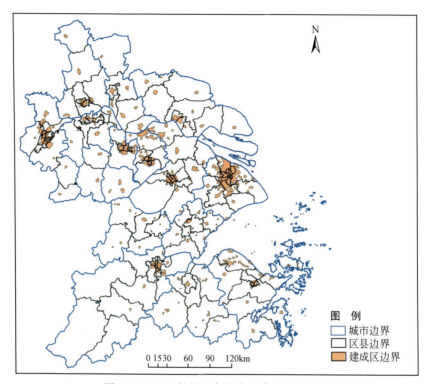

图 3-15　2000 年长三角城市群建成区边界图

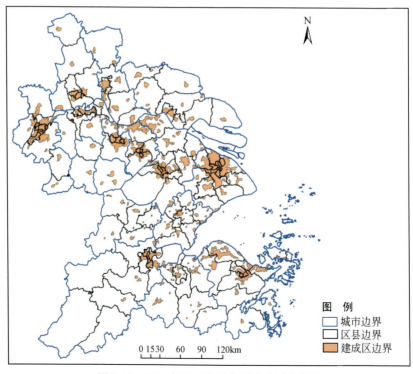

图 3-16　2005 年长三角城市群建成区边界图

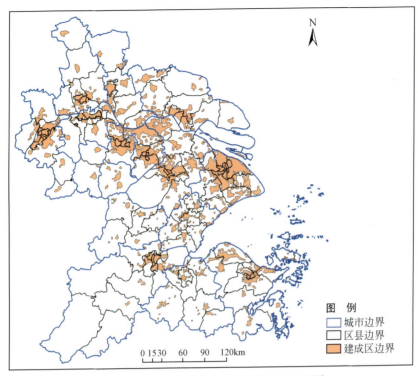

图 3-17　2010 年长三角城市群建成区边界图

3.1.3　土地城市化特征与变化

3.1.3.1　人工表面增加

图 3-18 所示为长三角 15 个城市近三十年 5 个时间节点（1984 年、1990 年、2000 年、2005 年和 2010 年）的土地覆盖变化特征。其中，红色地物代表"人工表面"。从图可以直观地看出 1984～2010 年长三角不同城市"人工表面"的变化特征。"人工表面"的变化存在明显的时空差异（图 3-19）。

从时间分异上看，长三角 15 个城市的"人工表面"覆盖比例在持续增加，表明该区域土地城市化一直在持续。相比较而言，1984～1990 年，15 个城市的"人工表面"增加比例明显低于 1990～2010 年。1984～1990 年，15 个城市的"人工表面"增加比例为3.1%；而 1990～2010 年，15 个城市的"人工表面"增加比例为 16.1%。

从空间分异上看，上海、江苏和浙江 3 个区域"人工表面"覆盖比例存在明显差异。上海"人工表面"比例一直居于 15 个城市之首，从 1984 年的 12.6% 增加到 2010 年的37.1%。江苏 8 个市的"人工表面"比例明显高于浙江 6 个市，1984 年，江苏 8 个市"人工表面"平均比例为 5.2%，浙江 6 个市为 1.9%，到 2010 年，江苏 8 个市"人工表面"平均比例增为 26.9%，浙江 6 个市增为 16.7%。

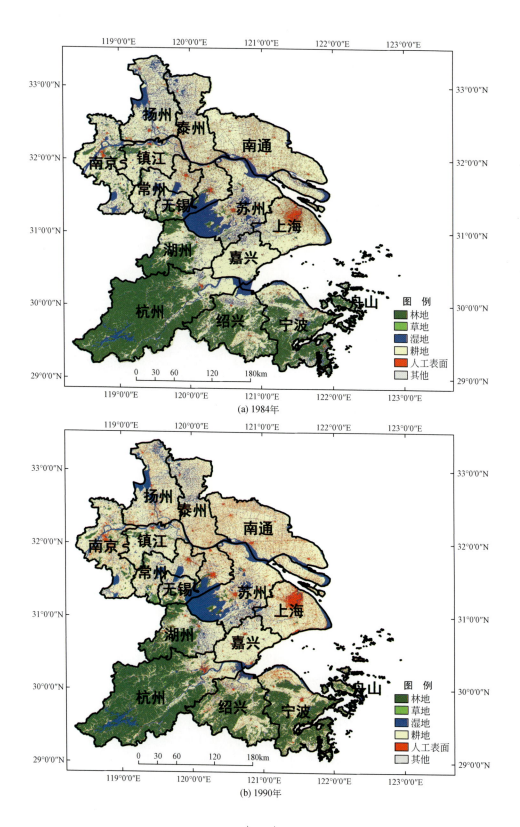

(a) 1984年

(b) 1990年

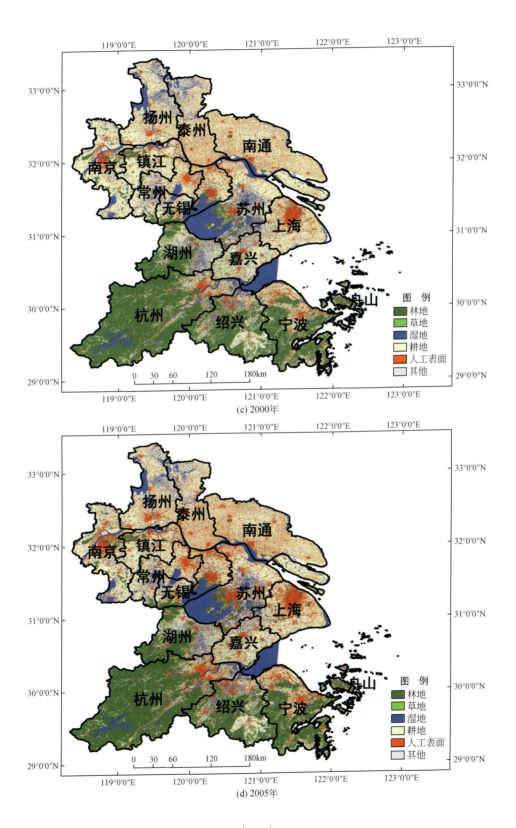

(c) 2000年

(d) 2005年

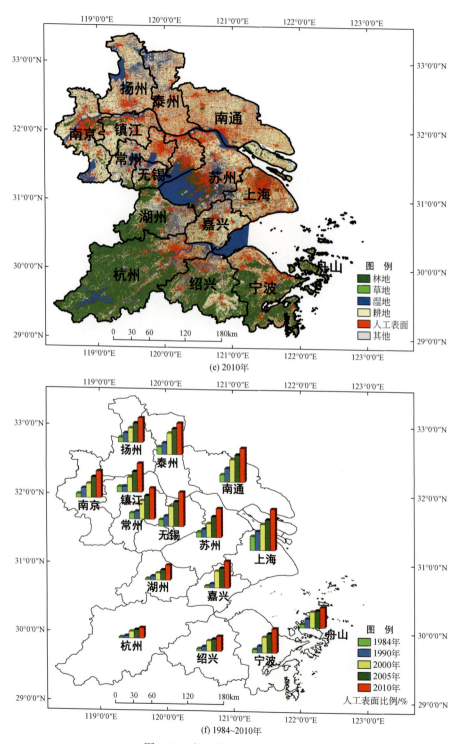

(e) 2010年

(f) 1984~2010年

图3-18　长三角土地覆盖变化特征

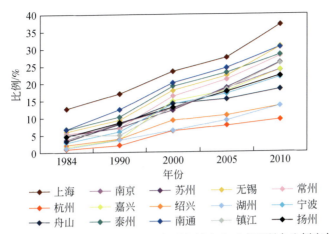

图 3-19　1984~2010 年长三角城市群各城市人工表面所占比例变化

　　"重点城市" 和 "非重点城市" 的人工表面覆盖变化有明显不同。6 个重点城市（上海、南京、苏州、无锡、常州和杭州）"人工表面" 覆盖比例高于 9 个非重点城市（镇江、扬州、泰州、南通、湖州、嘉兴、绍兴、宁波和舟山），1984 年，6 个重点城市 "人工表面" 平均比例为 5.5%，9 个非重点城市为 3.7%，到 2010 年，6 个重点城市 "人工表面" 平均比例增为 25.9%，9 个非重点城市增为 22%。对比 15 个城市人工表面覆盖比例的 "行政隶属区域" 差异（上海、江苏和浙江）和 "重点-非重点城市" 差异发现，"行政隶属区域" 对城市人工表面增长的影响较大。因此，通过 "人工表面" 比例指标，可揭示出长三角城市群土地城市化过程存在明显的 "区域特征"，即上海发展最快，江苏次之，浙江相对较慢。

3.1.3.2　中心城区扩张

　　图 3-20 为长三角 15 个城市近三十年 5 个时间节点（1984 年、1990 年、2000 年、2005 年和 2010 年）的城市 "中心城区" 范围分布图。红色区域代表不同城市的 "中心城区" 范围。从图可以直观地看出 1984~2010 年长三角区域每个城市的 "中心城区" 范围都在持续增加。不同城市 "中心城区" 的变化存在明显的时空差异（图 3-20~图 3-22）。

　　从时间分异上看，长三角 15 个城市的 "中心城区" 范围都在不断增加。相比较而言，1984~1990 年，15 个城市的 "中心城区" 增加比例显著低于 1990~2010 年。1984~1990 年，15 个城市的 "中心城区" 增长的平均比例为 61%；而 1990~2010 年，15 个城市的 "中心城区" 增长的平均比例为 750%。

　　从空间分异上看，上海、江苏和浙江 3 个区域 "中心城区" 增长速度存在明显差异。2010 年与 1984 年相比，15 个城市的 "中心城区" 范围都增加 2 倍以上，其中，舟山、上海和湖州的中心城区增幅相对最小，分别为 1984 年的 2.87 倍、3.37 倍和 3.61 倍，江苏的南通市和浙江的宁波市中心城区增幅最大，分别为 1984 年的 21.45 倍和 20.80 倍。不同时期，每个城市中心城区的增长速度不同。总体上，1984~1990 年 "中心城区" 增加速度明显低于 1990～2010 年。1984～1990 年，上海"中心城区"增长 22.3%，江苏 8 个市"中心城区"增长 35%，浙江 6 个市"中心城区"增长 102.2%；1990～2010 年，上海"中心城区"增长 257.4%，江苏 8 个市"中心城区"增长 1025.6%，浙江 6 个市"中心城区"增长 469.2%。这个结果说明，长三角城市群"中心城区"扩张特征存在明显的"行政隶属区域差异"，1984～1990 年，浙江城市的"中心城区"增幅明显高于上海和江苏，但是 1990～2010 年，这个区域差异发生了明显的变化，江苏的城市"中心城区"增幅变为最大，浙江次之，上海最小，表明江苏土地城市化进程加快，浙江和上海相对放慢。不同城市"中心城区"变化的时空变异特征揭示，长三角城市群城市化模式复杂，时空演变特征均不同。

"重点城市"和"非重点城市"的"中心城区"范围变化有明显不同。1984～2010 年，6 个重点城市"中心城区"的平均增幅略大于 9 个非重点城市，分别为 11.8 倍和 11.3 倍。不同发展时期，"重点城市"和"非重点城市""中心城区"变化特征不同。1984～1990 年，"非重点城市""中心城区"的平均增幅大于"重点城市"，分别为 65% 和 54%；而 1990～2010 年，"重点城市"中心城区的增幅明显大于"非重点城市"，分别为 7.4 倍和 7.2 倍。说明 1984～2010 年，"非重点城市""中心城区"扩张前期较快，后期相对放缓，而"重点城市""中心城区"扩张速度明显加快。

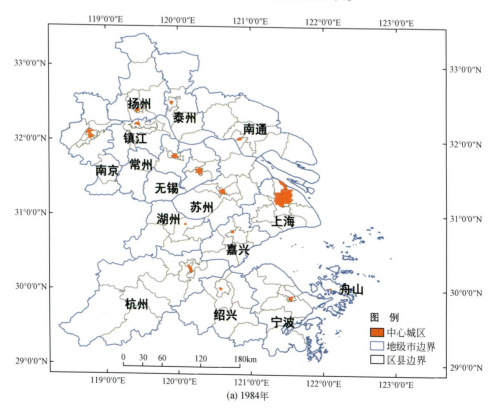

(a) 1984年

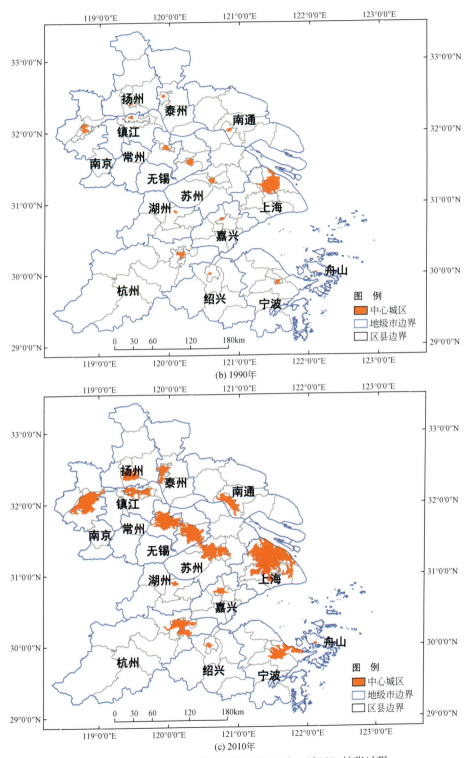

(b) 1990年

(c) 2010年

图 3-20 1984～2010 年长三角城市群 "中心城区" 扩张过程

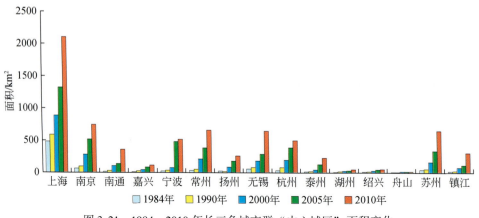

图 3-21　1984～2010 年长三角城市群"中心城区"面积变化

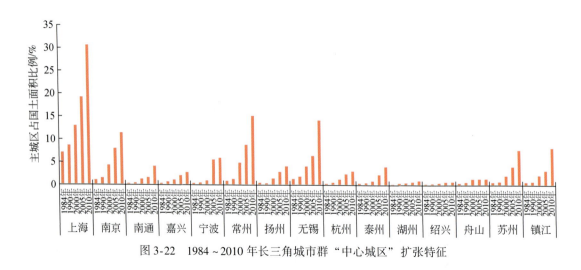

图 3-22　1984～2010 年长三角城市群"中心城区"扩张特征

3.2　经济城市化特征与变化

3.2.1　经济城市化评估方法

经济城市化用于描述由于人口的地域集中而产生或从中受益的各类活动。本章采用第一产业增加值、第二产业增加值、第三产业增加值、三产比例等指标来评估研究区域经济城市化的特征。

在进行经济城市化的研究分析之前，首先需要阐明"现行价格""不变价格"和"可比价格"三个概念。现行价格，即报告期当年的实际价格，是用当年价格计算的以货币表现的无量纲指标。然而在不同年份进行比较时，按当年价格计算的用货币表现的指标，由于含各年份价格变动的因素，不能确切反映实物量的增减变动情况。因此，对比年间指标时，一般都用可比价格来计算。不变价格是指用某一时期同类产品的平均价格作为固定价格来计算各个时期的产品价格，其目的是要消除各个时期价格变动的影响，以保证前后时期之间、计划与实际之间、地区之间指标的可比性。

在计算不变价格指标时，所选用的基期也不同。新中国成立以来，依据工农业产品价格水平的变化，国家统计局先后五次制定了全国统一的农产品不变价格和工业产品不变价格，本章所需的 GDP 数据为 2000～2010 年，因此，均以 2000 年为基期计算不变价。其计算如式 (3-9) 所示：

$$不变价 = \frac{基期\,GDP \times 当年\,GDP\,指数(以基期为不变价)}{100} \tag{3-9}$$

3.2.2 经济城市化特征与变化

图 3-23、图 3-24 所示为长三角 15 个城市近三十年 5 个时间节点（1984 年、1990 年、2000 年、2005 年和 2010 年）的三产比例变化情况。从图可以直观地看出 1984～2010 年长三角区域 15 个城市的产业结构存在明显的时空差异。

从时间分异上看，1984～2010 年，长三角 15 个城市的产业结构总体变化是一产比例明显降低，三产比例明显增高。不同时期，每个城市的产业结构变化特征不同。总体上，2000 年是长三角城市群产业结构变化的转折点，2000 年之前，主要是一产比例明显减少，二产和三产比例明显增加；2000 年之后，一产比例降幅放缓，二产和三产比例增幅也趋于稳定。

从空间分异上看，长三角 15 个城市的产业结构及变化有明显区别。上海、江苏和浙江三个区域城市产业结构变化特征不同。1984～2000 年，浙江 6 个市的一产比例降幅最大（14%），上海次之（12.5%），江苏相对最小（11.6%）；而三产比例，上海增幅最大（26.6%），浙江次之（17.4%），江苏相对最小（8.8%）；二产比例，江苏和上海有所降低，分别为-3% 和-1.2%，浙江有所增加（2.8%），表明 1984～2000 年，浙江 6 个市的产业结构调整力度最大，上海次之，江苏 8 个市相对最小。

"重点城市"和"非重点城市"的产业结构变化有明显不同。1984～2000 年，长三角 6 个"重点城市"的一产、二产比例都呈明显降低，降幅分别为-8% 和-7.5%，三产比例明显增加，增幅为 11.4%；而"非重点城市"一产比例明显降低，降幅为-15%，二产和三产比例增加，增幅分别为 2.8% 和 10.3%。2000～2010 年，6 个重点城市的一产、二产比例持续降低，但降幅较 2000 年减小，分别为-1.1% 和-1.7%，三产比例依旧增加，但增幅也减小，为 5.4%；"非重点城市"依然是一产比例降低，但降幅明显变小，为-3.2%，二产和三产比例增加，但增幅也降低，分别为 1.6% 和 1.5%。这表明，"重点城市"和"非重点城市"产业结构变化有明显的差异，但趋势相似，即产业结构趋于平稳，变幅降低。

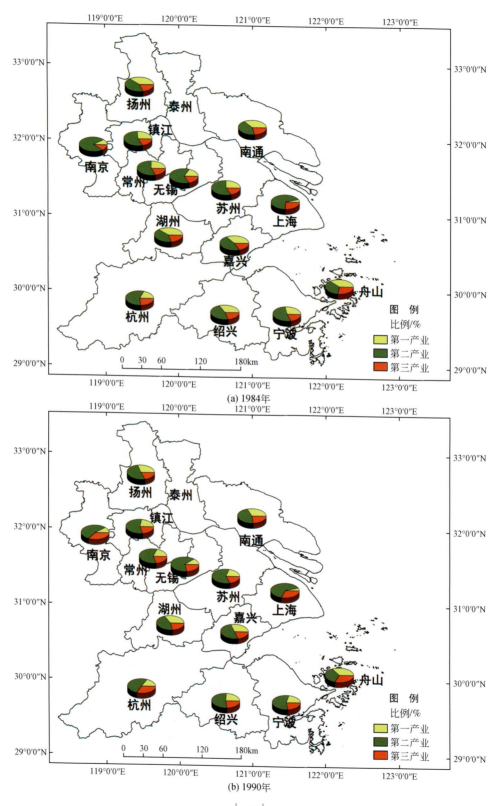

(a) 1984年

(b) 1990年

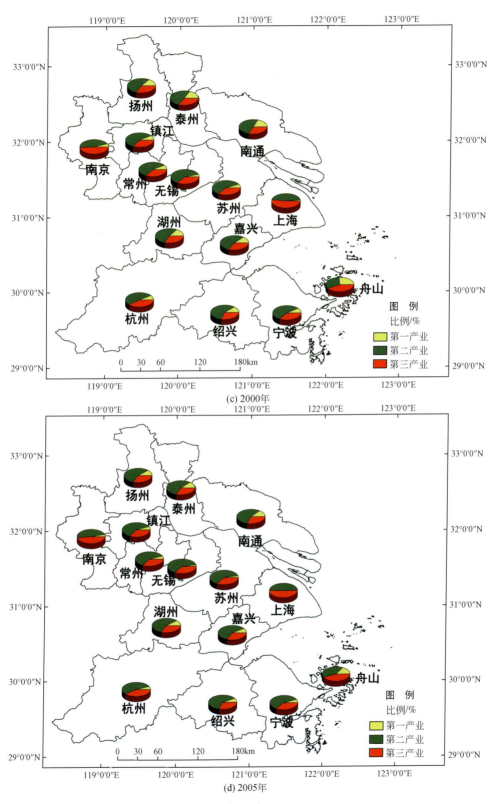

(c) 2000年

(d) 2005年

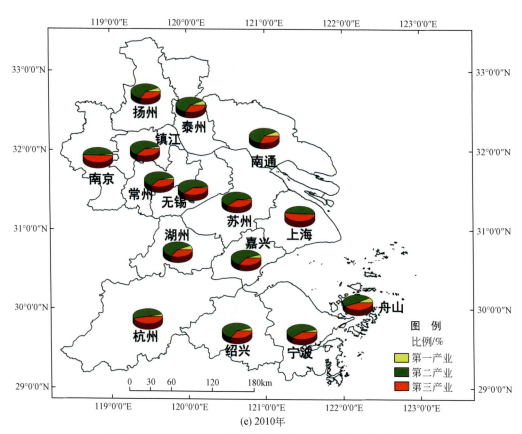

图 3-23 1984~2010 年长三角城市群三产比例特征分布（一）

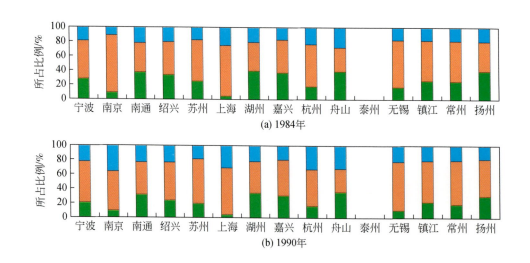

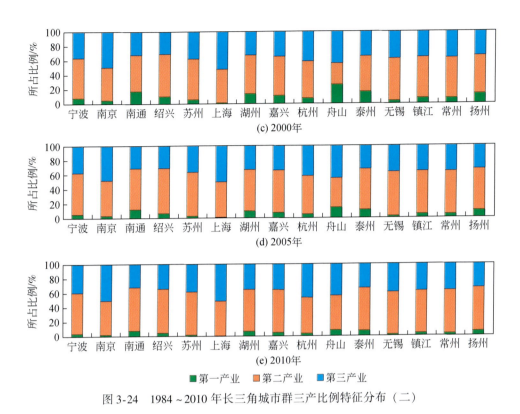

图 3-24   1984～2010 年长三角城市群三产比例特征分布（二）

3.3   人口城市化特征与变化

3.3.1   人口城市化

人口城市化指农业人口不断向城市转移和集中，城镇人口占总人口的比重逐渐提升的动态过程，其有利于进行集中生产（李培祥，2008）。人口城市化的程度是衡量一个国家及地区社会、经济、科技和文化水平的重要标志。农村人口和农业剩余劳动力向城市集中，也就是农村人口城市化，是农业现代化和城市工业化的必然结果（王玉芬，2010）。目前对人口城市化的判断尚未有一个明确的标准，国际上习惯的衡量标准是一个地区的非农业人口占该地区户籍人口的比重。

3.3.2   人口城市化特征与变化

图 3-25 所示为长三角 15 个城市近三十年 5 个时间节点（1984 年、1990 年、2000 年、2005 年和 2010 年）的"城市人口比例"变化情况，可以直观地看出 1984～2010 年长三角区域 15 个城市的"城市人口比例"变化存在明显的时空差异。

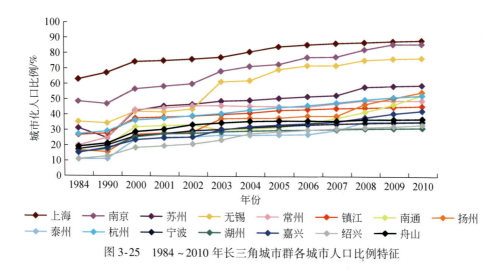

图 3-25　1984 ~ 2010 年长三角城市群各城市人口比例特征

从时间分异上看，1984 ~ 2010 年，长三角 15 个城市的城市人口比例一直高于同时期的全国平均水平：1984 年长三角 15 个城市的城市人口比例为 25.21%（全国水平为 21%），1990 年为 26.25%（全国水平为 26%），2000 年为 36.03%（全国水平为 36%），2005 年为 44.74%（全国水平为 43%），2010 年增至 52.51%（全国水平为 49.68%）。

从空间分异上看，1984 ~ 2010 年，上海的人口城市化水平一直位于长三角之首，从 1984 年的 63.1% 增至 2010 年的 88.9%。此外，江苏 8 个市和浙江 6 个市的城市人口比例也持续增长，但江苏 8 个市城市人口比例显著高于同时期浙江 6 个市的平均水平，1984 年江苏 8 个市的城市人口平均比例为 26%（浙江 6 个市平均水平为 17.8%），1990 年为 25.8%（浙江 6 个市平均水平为 20%），2000 年为 38.3%（浙江 6 个市平均水平为 26.6%），2005 年为 47.5%（浙江 6 个市平均水平为 34.5%），2010 年增至 58%（浙江 6 个市平均水平为 38.4%）。这表明长三角区域所辖江苏 8 个市人口城市化水平明显高于全国平均水平，而浙江 6 个市人口城市化水平低于同时期全国平均水平。

"重点城市"和"非重点城市"的人口城市化水平也明显不同。长三角 6 个重点城市的城市人口比例明显高于非重点城市。具体特征是，1984 年 6 个重点城市的城市人口平均比例为 37.7%（9 个非重点城市平均水平为 16.9%），1990 年为 38.1%（9 个非重点城市平均水平为 18.4%），2000 年为 49.3%（9 个非重点城市平均水平为 27.2%），2005 年为 64.5%（9 个非重点城市平均水平为 33.6%），2010 年增至 69.2%（9 个非重点城市平均水平为 41.1%）。这表明长三角区域"重点城市"和"非重点城市"的人口城市化特征有显著差异。

3.4　城市化特征与变化综合评估

基于长三角城市群的"土地城市化"、"经济城市化"和"人口城市化"的评估结果，选取"建成区面积比例"、"城市人口比例"和"第一、第二、第三产业比例"等指标，采用等权重加权方法，对长三角区域的综合城市化特征进行了评估（图3-26、图3-27）。结果表明，1984～1990年，长三角15个城市综合城市化进程比较缓慢；而2000～2010年，长三角15个城市的综合城市化水平明显提升。截至2010年，上海、南京、苏州和无锡4个市综合城市化水平最高；常州、镇江、南通、扬州、杭州和嘉兴6个市次之；泰州、宁波、湖州、绍兴和舟山5个市相对最小。

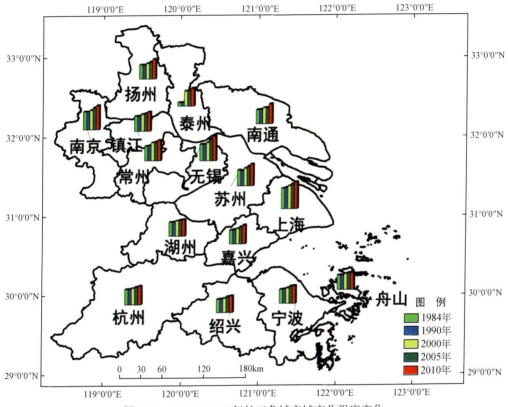

图 3-26　1984～2010 年长三角城市城市化强度变化

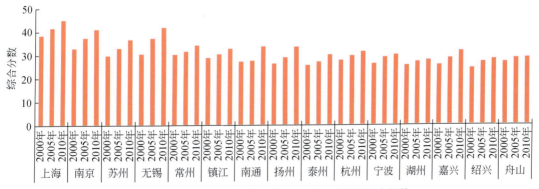

图 3-27　2000～2010 年长三角城市城市化强度综合评估

　　长三角15个城市城市化水平综合评估结果和单项指标评估结果有明显差异。例如，无锡市的综合城市化水平仅次于上海，居长三角区域的第二位。分析原因表明，无锡的中心城区和卫星城镇占整个市域比例最大，从土地资源承载力来看，无锡的土地城市化程度较大，因此，无锡城市化综合水平较高。这进一步说明，综合土地资源、人口和经济结构等多因素对城市化水平评估的重要意义。此外，综合评估结果揭示，江苏的综合城市化水平整体高于浙江。

|第4章| 长三角城市群扩张模式与驱动机制

长三角城市群作为我国发育最早的都市圈,其扩张模式与驱动机制都具有明显的特征。因此,深入分析城市群发展的时空演变过程,定量揭示城市群发展的驱动机制,不仅有助于支撑长三角城市群可持续发展模式的构建与管理决策,还可为我国其他类似区域生态环境问题的形成和解决提供科学参考。

本章基于长三角城市群格局特征与变化,进一步结合社会、经济与自然等多要素,深入分析长三角城市群近三十年来城市扩张模式,探求其扩张的驱动机制,揭示长三角城市群发展的趋势及因素。

4.1 长三角城市群扩张模式

4.1.1 城市扩张模式概述

西方国家对城市化的研究始于 20 世纪初,生态学派的兴起促进了城市土地利用的理论研究,但系统地分析城市郊区化(即城市用地向郊区扩张)是始于 20 世纪 50 年代(蒋慧娟,2011;赵霞,2012)。Boyce 和 Clark(1964)提出了半径形状指数,从地理学的角度提出了城市空间形态的研究分析。这是比较早的城市空间形态的研究。Lynch(1981)总结归纳了 9 种城市形态类型,分别为放射形、卫星形、线形、棋盘形、格状、花边式、轴线形、内敛式、巢状,在此基础上分析评价了城市形态的优劣(闫梅和黄金川,2013)。Batty 和 Xie(1994)采用分形理论,分析了城市空间扩张动态。我国对于城市空间扩张的研究起步较晚,从 20 世纪 80 年代开始,围绕城市空间扩张,也提出了城市空间扩张形态类型。由于起步较晚,对于城市空间形态的研究基本借鉴国外学者的研究成果,在此基础上归纳总结适合于中国城市扩张的城市形态类型。例如,朱锡金(1987)总结了 5 大类 8 种城市空间形态。

城市扩张模式是指城市规模的扩大以及结构重组的形式,是基于历史过程和现状特征的总结(闫梅,2012)。因此,城市空间扩张模式的研究是基于城市空间形态演变研究的总结。Berry 和 Gillard(1977)从城市空间扩张形态上归纳了 4 种城市扩张模式,即轴向增长、同心圆式增长、扇形扩张、多核增长等(闫梅和黄金川,2013)。Camagni 等(2002)在 Leorey 等研究的基础上提出了蔓延扩张(sprawl)、"卫星城"式扩张(large-scale projects)等 5 种新的城市扩张类型。20 世纪 80 年代以来,国内学者基于城市空间形态研究成果以及对国外城市扩张模式研究成果的借鉴,提出了多种城市空间扩张模式。杨荣南和张雪莲（1997）是较早开展城市扩张模式研究的，他们提出了 4 种城市扩张模式，分别是同心圆扩张、带状扩张、跳跃式组团扩张和低密度连续蔓延扩张。刘盛和等（2000）研究了北京城市扩张模式，认为北京的城市扩张是以圈层式蔓延为主。刘曙华和沈玉芳（2006）在"上海城市扩张模式及其动力机制"的研究中，根据城市扩张模式的有关理论，分析了不同阶段的城市扩张模式。岳文泽等（2013）在其文章中运用地统计学方面的知识分析了杭州城市扩张模式。

城市群随城市化进程应运而生。杜能的农业区位论和韦伯的工业区位论是涉及城市群或区域空间结构形态的基本理论（王新娜，2008）。农业区位论和工业区位论都是古典区位论，随着古典区位论的发展，对区位理论的研究逐步朝动态、全面的空间演化规律的方向发展，现代空间结构理论应运而生（朱顺娟，2012）。相继产生了增长极理论（法国经济学家 F. Perrour 于 20 世纪 50 年代初提出）、点轴理论、核心-边缘理论（Friedmann，1986）以及空间相互作用理论（Ullman，1957）。根据组成结构的不同，都市圈又可分为"单核心都市圈"和"多核心都市圈"（刘晓梅，2011）。因此，城市群发展模式又可分为两大类：一是核心带动的城市群发展模式；二是多中心齐头并进的发展模式（王乃静，2005）。例如，美国东北部大西洋沿岸城市群以纽约为中心，带动城市群发展；巴黎大都市圈的发展模式是轴线引导的多中心空间扩张模式。与国外城市群理论的研究相比，我国这方面研究起步较晚，20 世纪 90 年代以后城市群的发展模式才渐渐被关注，城市群空间结构开始成为研究的热点。姚士谋等（2001）在《中国城市群》一书中，不仅总结分析了我国城市群生长发育的因素、空间扩张过程与类型等，而且对它们的演变规律、发展个性与共性特征进行了比较全面的分析论证。王新娜（2008）分析研究了山东半岛城市群的空间结构，指出山东半岛城市群是双中心的"点-轴"发展模式。徐梦洁等（2011）对长三角城市群空间扩张模式、类型等进行了研究分析，发现长三角城市群城市呈面状扩张，同时有城市沿铁路和公路呈线状扩张，而经济发展较差的城市呈点状扩张。

4.1.2 城市扩张模式研究方法

4.1.2.1 城市扩张强度指数与紧凑度指数

（1）城市扩张强度指数

城市扩张强度指数，是指某空间单元在研究时期内的城市用地扩张面积占其土地总面积的百分比（刘盛和等，2000）。城市扩张强度指数主要用来描述城市土地扩张的相对强弱、快慢和趋势（吕蕾等，2008），其实质是对年平均扩张速度进行标准化处理，使不同时期的城市土地扩张速度有可比性（李晓文等，2003）。其表达式为

$$I = \frac{\Delta U_i \times 100\%}{\text{TLA} \times \Delta t} \tag{4-1}$$

式中，I 为城市扩张强度指数；Δt 为某一时期的时间跨度；ΔU_i 为某一时期某类斑块增长的面积；TLA 为研究区斑块的总面积。I 越大说明城市土地扩张强度越大，反之，强度

越小。

（2）紧凑度指数

城市外围轮廓形态的形成是城市用地不断扩张的结果，因此，表征城市轮廓形态的紧凑度指数是反映城市空间形态的一个重要指标。紧凑度是用来测度城市建成区用地的紧凑和饱满程度（方创琳等，2008），用来考察城市发展空间填充程度的一种度量指标（毛广雄等，2009；刘纪远等，2003）。其目的在于减少土地提供更多的城市空间，防止城市蔓延，以提高城市空间承载能力（李琳，2008）。城市形态紧凑度计算方法有多种，其中Richardson 提出的紧凑度公式使用最为广泛（尚正永等，2012），公式为

$$C = \frac{2\sqrt{\pi A}}{P} \tag{4-2}$$

式中，C 为城市用地的紧凑度指数；A 为城市建成区面积；P 为城市轮廓周长。C 的值一般为 0~1，其值越大，形状越具有紧凑性，越接近于 1，形态越接近于圆形，反之，形态的紧凑性越差。

4.1.2.2 城市重心位移指数

城市发展不平衡，导致各区的权重有很大的差异（侯景新，2007）。城市重心是不同区或市权重导致的拉力平衡点；空间重心的动态变迁能够反映不同时期城市用地建设的扩张方向（阎艳和薛丽芳，2014）。公式为

$$X_t = \frac{\sum_{i=1}^{n} M_i X_i}{\sum_{i=1}^{n} M_i}, \quad Y_t = \frac{\sum_{i=1}^{n} M_i Y_i}{\sum_{i=1}^{n} M_i} \tag{4-3}$$

式中，X_t、Y_t 分别为在时间 t 时城市用地的重心坐标；X_i、Y_i 分别为在时间 t 时第 i 块区域建设用地的几何中心坐标；M_i 为第 i 块区域建设用地的面积。

4.1.2.3 城市空间差异分析指数

长三角城市群由于地域广阔，地势、地貌条件迥异，地域文化丰富，社会发展模式多样以及政策导向作用的不同，导致城市群内部不同城市发展存在差异。有关研究和统计表明，江苏省与浙江省的发展存在明显差异（孙进等，2008；沈正平和马晓冬，2009；浙江省工商业联合会，2011）。上海、南京、杭州三个城市分别作为长三角城市群的中心、副中心城市，辐射周边城市，带动周边城市发展。它们之间的差异，在一定程度上体现出周边城市的发展水平。因此，将长三角城市群分为三组：以上海、南京、杭州三个城市为一组，分析三个城市扩张差异，对了解其余城市扩张以及长三角城市群城市扩张模式有重要作用；第二组是将江苏省其余城市作为一组，而剩余的浙江省的城市作为第三组。由此可以了解到江苏省和浙江省城市空间扩张的差异，以及在同地域环境、政策环境等因素下，两省内部城市的空间扩张差异，更深入了解长三角城市群城市扩张模式。

本章引入了 Theil 系数，利用 Theil 系数的大小差异来衡量长三角城市群整体、不同组城市、每组城市内部的城市空间扩张差异。Theil 系数又称锡尔系数，最早是由 Theil 于 1967 年研究国家的收入差距时首先提出的，经过学者的不断改进，已被广泛应用于区域经济发展差异研究中。该方法的优势是适用于分析具有明显区域内和区域间差异的问题（蒋团标等，2011；尚正永等，2011）。本研究应用 Theil 系数法，分析长三角区域不同城市的土地城市化格局演变特征及差异（文艳等，2013；王贞超等，2012）。其计算公式为

$$I(O) = \frac{1}{n} \sum_{i=1}^{n} \log \frac{\bar{y}}{y_i} \tag{4-4}$$

式中，y_i 为 i 地区人工表面所占比例；$\bar{y} = \sum_{i=1}^{n} \frac{y_i}{n}$，表示整个地区的平均水平；$I(O)$ 为 Theil 系数，值越大，表示各地区间的土地城市化水平差异越大，反之差异越小。

Theil 系数可以分解，对总差异锡尔系数 T 进行二阶分解，可得到区域内各城市之间的差异，其计算公式为

$$T = T_G + T_W = \sum_{i=1}^{n} \log \frac{1}{v_j} + \sum_{i=1}^{n} I(O)_j \tag{4-5}$$

式中，T_G 为组间的土地城市化差异；T_W 为分组内各城市之间的差异；v_j 表示第 j 组城市人工表面面积占长三角城市群区域人工表面总面积的比例。

4.1.3 长三角城市群扩张模式

4.1.3.1 区域尺度扩张模式分析

长三角城市群作为我国三大城市群之一，发展较快，是我国重要的经济基地。自改革开放以来，该区域深化市场经济体制改革，大力招商引资，发展第二、第三产业，城市化水平迅速提高，同时导致了城市用地的迅速扩张。长三角城市群作为世界六大城市群之一，其发展与其他城市群相比既存在共性，也有其发展的特性。本节主要着眼于区域城市扩张模式的研究，即分析研究长三角城市群城市化进程中城市建设用地扩张特征、模式等，以了解长三角城市群发展过程中各城市的共性以及相互之间的依托关系，为我国其他城市群的发展提供理论依据和实践参考。

（1）长三角区域扩张形态分析

从图 4-1 来看，长三角城市群建成区扩张显著。从建成区扩张分布来看，长三角城市群南北差异较大。北部地区以江苏省的城市为主，土地城市化水平相对较高，南部地区主要是浙江省的城市，由于受到地理因素等的影响，其土地城市化受到限制，发展相对较慢。另外，长三角城市群部分区域呈线形发展。长江沿岸城市呈线形排布、东西向发展，特别是长江以南地区，上海、苏–锡–常、南京，形成一线状条带，贯穿长三角城市群。长江以北地区发展相比长江南岸地区要缓慢，主要是因为上海作为经济中心，其辐射范围有限，长江沿岸以北地区受其影响较小。同时，长三角城市群南部区域即浙江省的城市，其发展形态是呈卫星形排布，以土地城市化水平相对较高的杭州为中心，其余城市围绕其周

边发展。从长三角城市群总体来看，其城市扩张是呈"摊大饼式"外扩。在发展的过程中，会产生新的建成区，新的建成区又慢慢扩散，与周边的其余的建成区逐渐合并，且扩散—合并循环进行。例如，无锡的江阴市和苏州的张家港市，在 2000 年以前是几个破碎的建成区斑块，随着建成区的扩张，这几个破碎的斑块慢慢外扩，逐渐与邻近斑块融合，并继续扩散，最后形成 2010 年的分布情况，即两市建成区链接成片。

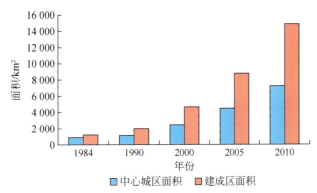

图 4-1   长三角城市群建成区和中心城区的面积变化

从表 4-1 来看，长三角城市群建成区扩张速度较快，近三十年扩张了 11.3 倍，特别是 2000 年以来，长三角城市群扩张速度更为显著。中心城区作为城市化进程的主要"战场"，其扩张也是显著的，由 1984 年的 833.65km² 增加到 2010 年的 7187.80km²，扩张了 7.6 倍之多。但与建成区总体扩张相比，其发展相对较慢，这主要是因为非中心城区即"卫星城区"也在迅速扩张。从图 4-2 也可以看出，在城市扩张过程中，中心城区面积占建成区总面积的比例是呈递减趋势的，说明近三十年来，长三角城市群"卫星城区"发展迅速，所占的比例逐渐增加，且有变为"主要发展对象"的趋势。另外也说明了长三角城市群中心城区发展趋于成熟，发展重点逐渐转入卫星城区，以此来加速城市化进程以及减轻中心城区发展的压力。

表 4-1   长三角城市群建成区与中心城区的面积变化

年份	建成区面积/km²	中心城区面积/km²	中心城区所占比例/%
1984	1 208.98	833.65	68.95
1990	1 992.30	1 139.78	57.21
2000	4 572.74	2 415.40	52.82
2005	8 784.92	4 442.56	50.57
2010	14 848.02	7 187.80	48.41

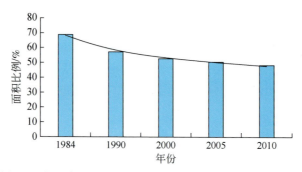

图 4-2　长三角城市群中心城区占建成区总面积的比例变化

（2）长三角区域空间格局演变分析

长三角城市群范围广阔，包括江苏省、浙江省、上海市，地域文化丰富，经济政策灵活多样，城市之间内部联系紧密且又存在竞争，各种因素形成了其城市扩张格局的复杂、多样性。

上海、南京、杭州三个城市的土地城市化水平较高且发展较快。上海作为经济核心城市，带动两个副中心城市——南京和杭州，共同带动长三角的经济发展。从图 4-3 也可以看出，三个城市是长三角城市群主要的交通枢纽重地。据此可以推断，长三角城市群北部地区即江苏省，其发展模式主要是"点轴式"发展，以中心城市上海以及副中心城市南京为两个增长极，沿长江一线为发展轴，吸引长江沿岸城市共同发展。而长三角南部的浙江

图 4-3　长三角城市群国道和铁路分布

省，其发展模式是"增长极式"发展，上海、杭州作为增长极，是经济发展的集中地。"点轴式"发展模式是"增长极式"发展模式的延伸。由此可知，浙江省的城市发展模式相比于江苏省的发展模式要滞后。另外，仅看浙江省的发展，其发展模式也是"卫星式"发展，宁波近几年发展较为迅速，以杭州和宁波为两个中心，周边城市围绕这两个中心发展。

下面从建成区扩张强度、紧凑度以及建成区重心位移三个方面来定量分析长三角城市群近三十年来城市扩张格局模式。

1）建成区扩张阶段性分析。城市扩张强度指数主要是用来描述城市土地扩张的相对强弱、快慢和趋势。它是扩张速度的标准化处理，应用这个指标可以使不同时间段的扩张速度有可比性。根据 4.1.2 节的计算方法得到长三角城市群建成区 1984～2010 年四个时间段的城市扩张强度（图 4-4），以此来分析长三角城市群不同阶段的城市扩张特征与变化。

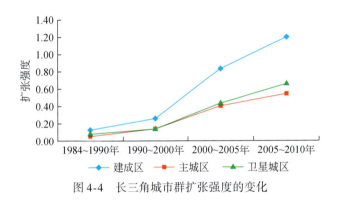

图 4-4　长三角城市群扩张强度的变化

从图 4-4 可以看出，建成区扩张强度、中心城区扩张强度、卫星城区扩张强度都呈递增趋势。2000 年以前扩张强度相对比较平缓，进入 2000 年后，扩张强度大幅度提高。期间，中国加入 WTO，为长三角城市群的进一步发展提供了机会。

从不同建成区类型来看，卫星城区的发展比中心城区略快一点，但 2005 年以前基本与中心城区发展保持同步，而 2005～2010 年期间，卫星城区的扩张强度明显增大，卫星城区得到充分发展。同时结合上一节的分析，中心城区的比例呈递减趋势，说明长三角城市群随着城市化进程的加快，中心城区发展逐渐趋于成熟，开始注重周边卫星城区的发展，应在减少中心城区发展压力的同时，开发卫星城区新资源，以促进长三角城市群城市化进程。

2）建成区紧凑度分析。紧凑度可以反映长三角城市群扩张的模式。紧凑度大，说明长三角城市群城市扩张是紧凑的，发展较为合理。反之，则说明长三角城市群的发展模式是向外蔓延式发展。紧凑城市的发展可抑制城市蔓延式发展，提高建设用地利用效率。依据式（4-2）计算长三角城市群不同时期的紧凑度指数，结果如表 4-2 所示。

表 4-2 长三角城市群建成区与中心城区紧凑度的变化

年份	建成区	中心城区
1984	0.1030	0.1959
1990	0.0840	0.2225
2000	0.0671	0.1587
2005	0.0600	0.1466
2010	0.0495	0.1226

从表中可知，长三角城市群建成区的紧凑度是呈降低趋势，说明长三角城市群总体发展是蔓延式发展。而中心城区的紧凑度指数在 1984～1990 年是升高的，说明在这期间长三角城市群的中心城区发展是紧凑发展；从 2000 年以来紧凑度呈降低趋势，结合前面分析，说明长三角城市群由于近十年来城市化进程较快，忽略了土地利用效率，导致中心城区以"蔓延式"向外扩张。

3）建成区重心位移分析。建成区重心的位移，充分体现了城市发展的方向。利用式（4-3）计算各个时期长三角城市群建成区重心位置，并在图像上标注其地理位置，如图 4-5 所示。

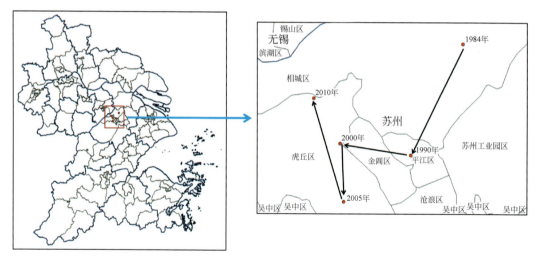

图 4-5 长三角城市群建成区重心坐标位移图

从图 4-5 可看出，长三角城市群建成区的重心整体向西偏移，说明近三十年来长三角城市群西部区域发展较快。1984～1990 年，重心向南偏移，说明南部城市开始发展。2000 年、2005 年、2010 年城市建成区重心不同程度地向北向南偏移，说明长三角城市群在不同时间段各城市发展程度不同。2000～2005 年，重心向南偏移，这主要是因为宁波、杭州在这个阶段发展较快，而至 2010 年重心大幅度向北偏移，说明江苏城市的土地城市化加快。同时，图中 5 个时间节点的重心位置都是分布在苏州境内，距离上海较近，说明上海充分发挥了其中心城市作用，土地城市化水平相对较高，影响着重心的分布。

4.1.3.2 城市尺度扩张模式分析

从城市群的概念来看，它是具有不同性质、类型和等级规模的城市"集合体"；在一个或两个核心城市的带动下，相互依托、相互影响，不断加强城市之间的交流和联系，以达到"共赢"为目的。因此，各城市的发展模式渗透着其他城市的影响。本节主要从城市尺度分析各城市的扩张模式，了解长三角城市群内部各城市的发展规律，对深入了解长三角城市群发展模式有重要的意义。同时，可根据不同城市的发展模式制定相应政策，以促进城市群的发展。

（1）城市建成区扩张阶段性分析

从建成区扩张分布来看，近三十年各个城市扩张程度不同。例如，上海、南京、杭州、苏州、无锡、常州、宁波等地土地扩张显著，且土地城市化水平相对较高。本小节主要通过各城市建成区面积、中心城区所占比例、扩张强度等指标分析各城市建成区的演变，以及不同城市扩张程度的差异。

1）各个城市建成区扩张分析。从图4-6中可以看出，不同城市的土地城市化水平不同，上海的土地城市化水平最高，建成区的面积最大，其次是苏州、无锡、宁波等地。从图中还可以看出，不同城市的土地城市化水平差别较大，且不同阶段建成区扩张程度不同。例如，无锡在2005年之前建成区面积增长比较平稳，至2010年其建成区面积迅速增加，甚至跃居土地城市化水平第二位；而宁波与其相反，2000~2005年期间其建成区面积增加迅速，而2005~2010年期间速度较慢。

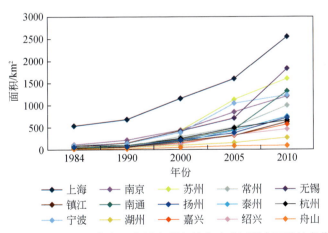

图4-6　1984~2010年长三角城市群各城市建成区所占面积的变化

除上海以外，各城市的建成区面积在2000年以前相差不大，且增加平稳，2000年以后才出现较大差异，特别是江苏省的城市和浙江省的城市相比，差异明显。多数城市在2000~2005年期间面积增加较快，而无锡、常州、南通、扬州等地在2005~2010年发展较快。

2）各个城市中心城区扩张分析。不同阶段的中心城区所占面积比例可以反映一个城市的发展模式。例如，从图4-7可看出，上海2000年以前其中心城区所占的比例呈递减趋势，说明上海在此期间卫星城区发展较为迅速，其发展"主战场"转为卫星城区；2000年以后，上海的中心城区发展较快，这不仅是因为其自身在扩张，而且也是由于其扩张过程中与周边卫星城区相融合，促使中心城区发展较快。

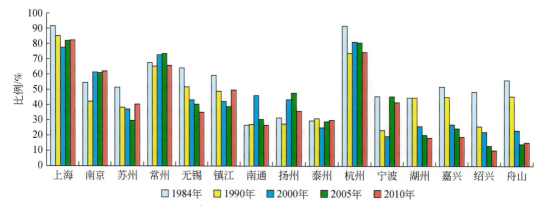

图4-7　1984~2010年各城市中心城区占建成区面积的比例

另外，不同城市的发展阶段不同，其中心城区所占的比例也不同。例如，嘉兴、绍兴、无锡等地，中心城区所占比例持续降低，说明它们的卫星城区在此阶段发展较快，而南京2000年以后中心城区所占比例变化不大，说明其在发展过程中，中心城区和卫星城区共同发展。

3）各个城市建成区扩张强度比较分析。2005年之前各个城市的扩张强度较为平缓（图4-8），2000~2005年扩张强度提高较快，但2005年以后，不同城市的扩张强度差异较大。无锡在2005~2010年期间扩张强度大幅度提高，甚至比上海的扩张强度都大，发展迅速。但从上面的分析可知，无锡的中心城区所占比例是减少的，因此，在此期间主要是卫星城区扩张。另外，有部分城市在2005年以后其扩张强度迅速降低，例如苏州、宁波、南京、舟山等地，说明它们的发展速度降低。

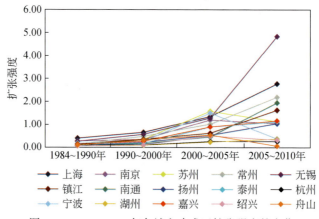

图4-8　1984~2010年各城市建成区扩张强度的变化

（2）城市建成区扩张模式分析

不同城市的发展模式也不同。上海城市发展较为成熟，其主要是以"摊大饼"式向外扩张。上海是长三角城市群的经济腹地，交通发达，是最重要的交通枢纽，向外辐射，带动其余城市发展。与上海"摊大饼"式发展相似的还有杭州、苏州、无锡、常州，它们的中心城区"摊大饼"式外扩。苏州、无锡、常州三个城市扩张速度较快，中心城区逐渐链接成片，同时 G312 国道和沪宁线贯穿苏州、无锡、常州城市中心城区，三者中心城区连接处又呈线性分布沿道路发展。

南京、镇江、扬州、泰州、南通等地中心城区呈线性发展，南京、南通等地沿长江流域方向发展，扬州中心城区东西向发展，而泰州是南北向发展，其中心城区由北向南延伸。

浙江省的城市基本都是"卫星城"式发展。宁波伴随着中心城区的快速扩张，其卫星城区也快速发展。慈溪市是宁波最大的卫星城，它是沪杭甬环杭州湾三大都市经济金三角的中心，优越的地理位置，使其发展相对较快。湖州、嘉兴、绍兴发展比较好的卫星城区往往是铁路和国道贯穿地带或交点处。

舟山是岛屿城市，主要发展渔业和旅游业。由于包含多个岛屿，其发展比较分散，中心城区主要是沿西南海岸线呈线性发展。

综上所述，从空间上来看，不同的城市通过道路、河流等相互连接，并互相影响，共同发展。

4.1.3.3 长三角城市群各城市主城区扩张差异比较分析

长三角城市群占地广，横跨两省一直辖市，作为一个经济和工业集中地，城市化的发展也是一种集聚式的发展，在中心城市和副中心城市的共同带动下形成一个单元共同发展。但是城市群内部发展也存在差异。由于长三角城市群地域广阔，自然条件和地域文化存在着差异，不同城市的发展理念和规划也有所不同，所以不同城市的城市化发展水平也是不同的。本节主要着眼于长三角城市群各个城市的土地城市化差异，利用 Theil 系数来衡量不同地域或不同城市之间的差异。

根据 4.1.2.3 节城市划分结果，分别计算各个组的区域间和区域内的 Theil 系数，并由此得出长三角城市群土地城市化发展存在的总差异，如表 4-3 所示。

表 4-3　不同时间节点的 Theil 系数变化

年份	地区总差异（Theil 系数）	区域间差异		区域内差异	
		Theil 系数	差异贡献率/%	Theil 系数	差异贡献率/%
1984	0.4288	0.1475	34.40	0.2813	65.60
1990	0.3590	0.1295	36.07	0.2296	63.96
2000	0.2337	0.0863	36.93	0.1474	63.07
2005	0.1771	0.0427	24.11	0.1344	75.89
2010	0.1829	0.0484	26.46	0.1346	73.59

从表 4-3 可看出，长三角城市群地区总差异减小，说明长三角城市群在核心城市上海的带动下，发展比较迅速，城市群差异在减小，实现均衡发展。从贡献率来看，区域内差异是长三角城市群总差异的主要原因，且影响加大。另外，无论是区域内差异还是区域间的差异，都呈现减小的趋势。但是 2010 年地区的总差异增大了，相应的区域间的差异也增大了，而区域内差异基本保持不变，说明 2010 年长三角城市群差异主要是受到区域间差异的影响。

表 4-4 中，上海、南京、杭州之间的土地城市化差异较大，但是其差异随着时间在减小，说明核心城市上海和副中心城市南京、杭州在带动周边城市发展的同时，协调发展，减小了城市间发展上的差异。江苏省的 Theil 系数在 1984~2000 年是增大的，表明江苏省内城市有部分城市优先发展，至 2005 年，差异又减小，说明其余的城市也在大力发展，各城市之间协调发展。2005~2010 年又有所增大，部分城市发展较快。浙江省的城市内部差异 1984~2005 年呈增大趋势，但 2005~2010 年城市差异减小，结合前面分析的城市扩张模式，可以说明其发展相对于江苏省要滞后些。

表 4-4　区域内 Theil 系数变化

区域	1984 年	1990 年	2000 年	2005 年	2010 年
上海、南京、杭州	0.2601	0.2047	0.1167	0.0832	0.0910
江苏	0.0190	0.0222	0.0274	0.0243	0.0270
浙江	0.0021	0.0027	0.0033	0.0270	0.0166

4.1.4　小结

根据已分类的结果数据，结合理论知识，界定了本章中使用的"建成区""中心城区""卫星城区"等概念，并以此为理论依据，利用 ArcGIS 技术提取了建成区范围。在此基础上对长三角城市群城市扩张模式进行了分析研究，得出以下主要结论。

1) 区域尺度上，近三十年以来，长三角区域"建成区面积"和"中心城区范围"均明显增加，分别增加了 11.3 倍和 7.6 倍。另外，长三角城市群土地城市化存在明显的阶段性差异：1984~2000 年，土地城市化进程相对缓慢；2000~2010 年，明显加速。宏观来看，长三角城市群建成区主要以"蔓延式"扩张为主。

2) 城市尺度上，长三角城市群土地城市化模式存在明显的时空差异。空间上，北部区域即江苏省发展形态主要呈线形发展，以点轴式为主要发展模式，南部区域即浙江省主要是卫星城式发展，以增长极为主要的发展模式；时间上，同区域尺度一致，1984~2000 年，土地城市化进程相对缓慢，2000~2010 年，明显加速。

3) 长三角城市群城市的总体差异呈降低趋势，主要受到区域内差异的影响。上海、南京、杭州的发展差异呈降低趋势，它们之间呈协调发展。江苏、浙江省的城市差异拉大，有部分城市优先发展。

4.2 长三角城市群扩张驱动机制

4.2.1 城市扩张驱动机制概述

1995 年，"国际地圈与生物圈计划"（IGBP）和"全球环境变化人文计划"（IHDP）联合提出"土地利用/土地覆盖变化科学研究计划"（LUCC），指出土地利用/土地覆盖变化的三个研究重点，即土地利用动力学、土地覆盖动力学及区域和全球综合模型（李静等，2004）。自此，驱动力研究成为 LUCC 研究的一个重要部分。城市扩张主要受自然因素和人类活动的影响，但在一个较短的时期内，人类活动的影响远远大于自然因素的影响，所以在目前短期的驱动力研究中大多只考虑到人类活动的影响，即从社会经济、人文、政策、科技等方面进行研究。杨荣南和张雪莲（1997）分别从经济、自然地理环境、交通建设、政策与规划、居民生活等五个方面阐述了城市扩张的驱动机制，认为经济是决定性因素，自然条件是基础，交通建设具有导向作用，政策和规划是控制阀，居民生活需要具有特殊的影响。吴家浩等（2011）从三大产业、固定投资额、人口等因素分析了城市化的驱动机制，认为城市化是这三者的协调作用，三者结合不断推动城市化进程。

驱动力研究方法较多，目前主要方法有定性分析、统计分析以及模型化分析。定性分析主要取决于数据源，因数据无法定量化，只能定性地分析驱动机制，如，政策、人文、科技等无法定量化的驱动力因素。刁德泰（2003）、吴家浩等（2011）、杨荣南和张雪莲（1997）均是用定性的方法分析地貌、经济、人文等因素对城市化的影响。统计分析，主要是运用统计学的一些方法，如相关性分析、回归分析、灰色关联度分析等方法，其优点在于能够使复杂的问题简单化。陈瑞琴（2004）利用典型相关分析，研究了青岛 LUCC 的驱动力；章辉等（2006）利用灰色管理分析方法对长三角城市群城市化发展水平的驱动机制进行了分析。模型化分析，是 LUCC 驱动力研究的一个新趋势。李静等（2004）在"论土地利用/土地覆盖变化驱动力研究"中指出，该方法是通过对 LUCC 驱动因子与变化过程之间的简化、拟合、验证等，达到去伪存真的目的，实现对驱动因子的筛选、驱动过程的模拟。刘庆等（2010）结合计量经济学中协整检验与 Granger 因果关系检验法分析了三大城市群土地资源量变化的驱动力。

4.2.2 城市扩张驱动机制研究方法

4.2.2.1 社会经济驱动因子的选取

城市扩张变化驱动力分析涉及变量多且复杂。城市扩张包含了状态的变化和过程的分析，因此，区域城市扩张驱动力的研究关键在于确定原因–表象间的关系（谭少华和倪绍详，2005）。由于城市扩张过程中，涉及土地利用变化、分布格局变化，它们与土地、人文、经济等存在着复杂的关系，因此，驱动力研究是一项艰巨而复杂的工作。在建立数学相关分析模型之前，确定城市扩张变化与解释变量之间的成因关系分析是必要的，以此排除和降低不合理因素的影响，提高解释变量的合理性（谭少华和倪绍祥，2005）。

因子的选取过程中，最基本的原则是因子可定量化和因子可获取性。在本节中主要是定量分析驱动因子对城市扩张的影响，因此，选取可定量化因子作为解释变量，以分析城市扩张驱动力机制。同时，驱动因子的可获取性是最基本的，是驱动因子选取的前提条件，本节依据各种历史统计资料及实地调查等获取最准确的数据。另外，驱动因子的选取还要考虑因子与解释变量之间的密切相关性，选取最有可能影响解释变量的因子。通过分析和查看各种文献资料，选取与城市扩张有着密切联系的数据作为解释变量因子。根据以上驱动因子选取原则，结合驱动力研究的已有成果，查阅有关长三角城市群各种统计年鉴及相关文献资料，获取所需指标，作为城市扩张的解释变量（表4-5）。

表 4-5　城市扩张驱动力因子选取

因子编号	因子	因子类别
NAP	非农业人口/万人	人口因素
GDP	国内生产总值/亿元	经济因素
SIP	第二产业 GDP/亿元	
TIP	第三产业 GDP/亿元	
IFA	固定资产投资额/亿元	

经济发展和人口增长是城市用地扩张的根源（刘涛和曹广忠，2010）。人口增长因素是城市扩张或土地利用变化直接驱动因素之一，在很多文章中都有所体现。本章选取了非农业人口指标，主要是因为所研究的城市扩张基于建成区，非农业人口可以表征人口城市化。国内生产总值（GDP）也是城市扩张的直接驱动因素，很多研究表明 GDP 的增长对土地城市化有促进作用（刘涛和曹广忠，2010；李平等，2001；王静爱等，2002；吴宏安等，2005；夏叡等，2009；谈明洪等，2003；胡德勇等，2006）。第二产业和第三产业对城市扩张有一定的影响，刘涛和曹广忠（2010）在其《城市用地扩张及驱动力研究进展》一文中指出，经济增长对城市用地扩张的推动作用主要是通过第三产业的增长来实现的，同时，国外学者对芝加哥和欧洲城市的研究中也得出类似的结论（Camagni et al.，2002）。从已有的研究来看，第二产业对城市扩张的影响有一定的争议（王丽萍等，2005；韦素琼和陈建飞，2006；曹银贵等，2007），但经济发展的推动作用几乎是没有争议，只是影响程度不同（刘涛和曹广忠，2010）。固定资产投资的多少直接影响城市的经济发展，快速的固定资产投资额增长率使得城市发展速度加快，导致城市用地大幅度增加（孙晓娟，2012）。对于以上指标的选取是结合前人的研究基础以及数据的可获取性来选取的，与城

市扩张有着密切的联系，数据主要是 2000～2010 年长三角城市群 15 个城市的数据。

本章的城市扩张驱动力分析中因变量主要是应用了建设用地面积统计数据。遥感影像分类结果只有五年数据，数据不连续，且与其对应的社会经济数据由于年限较早，部分数据无法获取，导致数据残缺。而建设用地面积与遥感提取的建成区范围其扩展趋势是一致的，且与各种社会经济指标对应较好，所以，本研究主要选取了近十年的建设用地面积作为因变量来分析长三角城市群城市土地城市化过程中城市扩张的驱动力机制。

4.2.2.2 计量经济学分析方法

城市群扩张过程中，受到各个城市的影响，不同城市的城市化水平不同，驱动机制的影响作用略有差异，因此，对于城市群城市化驱动机制的研究更为复杂。本章引入面板数据模型，从时空不同角度分析长三角城市群城市扩张的驱动机制。

面板数据模型的理论方法主要是计量经济学中的一个分支，无论是宏观经济分析还是微观经济分析领域，应用都相当普遍（武大勇，2006）。面板数据（panel data）又称平行数据，是在时间序列上取多个截面，在这些截面上同时选取样本观测值，并将它们融合在一起，形成一种具有三维（个体、时间、指标）信息的数据机构（李子奈和潘文卿，2000）。相对于截面数据和时间序列数据，面板数据主要有以下优点（武大勇，2006；李子奈和潘文卿，2000）。

1）减少了解释变量之间的共线性，提高了估计的有效性。

2）面板数据允许分析单位个体间的差异性，并通过对个体变量的考虑，将这种差异性进行研究分析。

3）面板数据能够更好地识别和度量一些效应，而仅用截面数据或时间序列数据是无法觉察到的。

4）面板数据可以从多层面分析经济问题，对更加复杂的行为模型进行研究。

面板数据模型虽有以上优点，但也有一定的局限性。模型设定错误以及数据收集不慎将引起较大的偏差，因此，其对模型的设定和数据的正确性要求较高；在研究截面或面板数据时，由于样本非随机造成观测值的偏差，进而造成模型估计的偏差等（李双武，2008）。

设有因变量 y_{it} 与 $1 \times k$ 维解释变量向量 x_{it}，则面板数据模型公式为

$$y_{it} = \alpha_{it} + x_{it}\beta_{it} + \mu_{it} \quad i = 1, 2, \cdots, N, \ t = 1, 2, \cdots, T \tag{4-6}$$

式中，N 表示个体截面成员的个数；T 表示每个成员的观测时间；参数 α_{it} 表示模型的常数项；β_{it} 表示对应解译变量向量 x_{it} 的 $k \times 1$ 维系数向量；k 表示解释变量的个数；μ_{it} 表示随机误差项相互独立，且满足零均值、等方差为 σ_μ^2 的假设（高铁梅，2005）。

面板数据模型有三种形式：一是混合估计模型。其特点是无论对任何个体和截面，回归系数 α 和 β 都是相同的。二是固定效应模型。它又可分为个体固定效应模型、时点固定效应模型和个体时点双固定效应模型，其中个体固定效应模型是最常用的，对于不同个体回归系数相同，则成为个体固定效应模型。三是随机效应模型。随机效应模型中回归系数 α 和 β 都是随机变量。在面板数据模型形式的选择方法上，经常采用 F 检验决定选用混合

模型还是固定效应模型，然后用 Hausman 检验确定应该建立随机效应模型还是固定效应模型。

面板数据的单根检验和协整检验分析是当前最前沿的领域之一。单根检验的目的是分析数据的平稳性。李子奈和潘文卿（2000）曾指出，非平稳的面板数据，在回归时，尽管有很高的 R^2，其实际结果是没有意义的，即虚假回归或伪回归，因此，面板数据在回归之前要检验数据是否具有平稳性。协整检验是考察变量之间是否存在长期均衡的关系，若数据通过协整检验，说明变量之间存在长期稳定的均衡关系，回归方程的残差是平稳的。协整检验的前提是面板数据必须是同阶单整，若非同阶单整，此时不能直接对原序列进行回归，需在保持变量经济意义的前提下，对模型进行修正，以达到协整关系。

4.2.3　长三角城市群扩张驱动机制

本小节主要是研究分析社会经济指标对城市扩张的影响。采用的方法是面板数据模型分析，此方法可减少解释变量之间的共线性，同时能够更好地识别和度量一些效应，提高估计的有效性。面板数据模型可以从多层面分析解释变量与被解释变量之间的关系。因此，通过面板数据分析，从"三维"的角度来研究城市扩张的驱动机制，更能说明城市扩张的主动力因素。

4.2.3.1　人口因素与城市扩张的关系

非农业人口是城市化水平的一个重要的衡量指标，非农业人口及城市人口的增长促进了城市化水平的提高。因此，本小节分析非农业人口对城市扩张的影响，以及影响程度。

在做回归之前，要对数据进行检验，主要包括平稳性检验和协整检验。而平稳性检验即单位根检验的方法较多，本研究主要选取了两种方法，即相同根单位根检验，即 LLC（Levin-Lin-Chu）检验和不同根单位根检验（ADF-Fisher）。如果两种方法的检验都通过，则说明数据不存在单位根，是平稳的。协整检验的前提条件是数据要同阶单整，因此，若数据非同阶单整，需要修正模型至同阶单整方可进行协整检验，协整检验主要采用 Pedroni、Kao、Johansen 等方法。

经单位根检验，建成区面积（BUA）数据平稳，是零阶单整，而非农业人口数据（NAP）不稳定，存在单位根，是一阶单整。而化为同阶单整的方法是对数据取对数或差分，修正后的数据要保持变量的经济意义。在这里主要是对建成区面积数据和非农业人口数据取对数，分别为 lnBUA 和 lnNAP。经修正的数据平稳，且存在协整关系，说明数据平稳且数据间存在长期均衡关系。利用 Hausman 检验（判定随机效应模型和固体效应模型）和 F 检验（判定固体效应模型和混合模型），最终选取个体固定效应模型进行回归，其结果见表4-6。

表 4-6 非农业人口与建成区面积回归结果

变量	解释变量系数
LNNAP_ 宁波	4. 715 694
LNNAP_ 南京	1. 728 842
LNNAP_ 南通	1. 829 975
LNNAP_ 绍兴	3. 253 028
LNNAP_ 苏州	4. 229 429
LNNAP_ 上海	2. 761 694
LNNAP_ 湖州	5. 998 488
LNNAP_ 嘉兴	2. 671 626
LNNAP_ 杭州	1. 861 489
LNNAP_ 舟山	0. 706 224
LNNAP_ 泰州	2. 510 409
LNNAP_ 无锡	1. 151 493
LNNAP_ 镇江	4. 112 921
LNNAP_ 常州	5. 092 390
LNNAP_ 扬州	1. 780 818
C	−10. 133 2

回归方程如下：

LNBUA_ 宁波 = −9. 0226−10. 1332+4. 7157×LNNAP_ 宁波

LNBUA_ 南京 = 5. 7723−10. 1332+1. 7288×LNNAP_ 南京

LNBUA_ 南通 = 4. 5965−10. 1332+1. 8300×LNNAP_ 南通

LNBUA_ 绍兴 = −0. 4381−10. 1332+3. 2530×LNNAP_ 绍兴

LNBUA_ 苏州 = −8. 2834−10. 1332+4. 2294×LNNAP_ 苏州

LNBUA_ 上海 = −2. 6416−10. 1332+2. 7617×LNNAP_ 上海

LNBUA_ 湖州 = −11. 2790−10. 1332+5. 99851×LNNAP_ 湖州

LNBUA_ 嘉兴 = 2. 4463−10. 1332+2. 6716×LNNAP_ 嘉兴

LNBUA_ 杭州 = 5. 3803−10. 1332+1. 8615×LNNAP_ 杭州

LNBUA_ 舟山 = 11. 6346−10. 1332+0. 7062×LNNAP_ 舟山

LNBUA_ 泰州 = 2. 3237−10. 1332+2. 5104×LNNAP_ 泰州

LNBUA_ 无锡 = 9. 2084−10. 1332+1. 1515×LNNAP_ 无锡

LNBUA_ 镇江 = −4. 5325−10. 1332+4. 1129×LNNAP_ 镇江

LNBUA_ 常州 = −10. 9643−10. 1332+5. 0924×LNNAP_ 常州

LNBUA_ 扬州 = 5. 7994−10. 1332+1. 7808×LNNAP_ 扬州

回归结果中 R^2 =0. 973，各城市拟合的显著性均小于 0. 05，其方程拟合较好。从总体来看，建成区与非农业人口呈正相关，长三角城市群的建成区扩张受到非农业人口的影响，且影响程度相对较大。但是，不同城市的影响程度不同，从结果来看，可以分为三个等级：湖州、常州、宁波、苏州、镇江、绍兴等地的非农业人口对建成区的影响较大，可作为第一等级；而舟山的非农业人口对建成区的影响最小，可作为第三等级；其余城市可作为第二等级。

舟山城市扩张幅度较小，作为岛屿城市发展受到限制，非农业人口增长较慢。湖州、绍兴等地位于长三角城市群内陆，林地较多，相对于其他城市发展较慢，处于"发展初期"，即农业人口向城市人口转变阶段；苏州城市化水平较高，地理位置优越，与上海接壤，随着城市化进程的加快，上海人口过多，接近饱和状态，因此，作为其邻近城市，苏州非农业人口增多，降低了上海人口压力；而常州、宁波、镇江等城市从本章的分析来看，是正处于蓬勃发展的城市，城市进程较快，城市人口增加较快，因此对城市扩张影响较大。上海、南京、杭州等地人口影响因素比第一等级的城市少，这主要是因为作为长三角的经济中心和副中心，城市发展开始转型，控制人口增长，人口增长速度开始缓慢。

4.2.3.2 经济因素与城市扩张的关系

(1) GDP 对建成区的影响

地区生产总值（GDP）表征一个地区的经济水平和财力状态，也是衡量城市化水平的重要指标。本节首先对 GDP 进行平稳性检验，为一阶单整，因此，在做协整检验之前要进行模型修正，在这里取 GDP 的两次对数，即 ln（lnGDP），建成区同时也取对数 ln（BUA），选取个体固定效应模型，回归结果见表4-7。

表4-7 GDP 不变价与建成区面积回归结果

变量	解释变量系数
LN(LNGDP)_宁波	10.174 00
LN(LNGDP)_南京	5.927 834
LN(LNGDP)_南通	6.881 137
LN(LNGDP)_绍兴	12.451 53
LN(LNGDP)_苏州	9.909 993
LN(LNGDP)_上海	5.797 749
LN(LNGDP)_湖州	5.052 287
LN(LNGDP)_嘉兴	9.508 374
LN(LNGDP)_杭州	5.685 878
LN(LNGDP)_舟山	1.215 203
LN(LNGDP)_泰州	6.557 167
LN(LNGDP)_无锡	5.378 181
LN(LNGDP)_镇江	4.580 710
LN(LNGDP)_常州	5.579 144
LN(LNGDP)_扬州	6.800 416
C	−12.320 50

回归方程如下：

LNBUA_ 宁波 = −7.6739−12.3205+10.1740×LN（LNGDP）_ 宁波

LNBUA_ 南京 = 2.2023−12.3205+5.9278×LN（LNGDP）_ 南京

LNBUA_ 南通 = −0.8580−12.3205+6.8811×LN（LNGDP）_ 南通

LNBUA_ 绍兴 = −11.7339−12.3205+12.4515×LN（LNGDP）_ 绍兴

LNBUA_ 苏州 = −5.5845−12.3205+9.9100×LN（LNGDP）_ 苏州

LNBUA_ 上海 = 2.0303−12.3205+5.7977×LN（LNGDP）_ 上海

LNBUA_ 湖州 = 4.2456−12.3205+5.0523×LN（LNGDP）_ 湖州

LNBUA_ 嘉兴 = −6.3099−12.3205+9.5084×LN（LNGDP）_ 嘉兴

LNBUA_ 杭州 = 1.3074−12.3205+5.6859×LN（LNGDP）_ 杭州

LNBUA_ 舟山 = 11.3910−12.3205+1.2152×LN（LNGDP）_ 舟山

LNBUA_ 泰州 = 0.5663−12.3205+6.5572×LN（LNGDP）_ 泰州

LNBUA_ 无锡 = 3.0266− 12.3205+5.3782×LN（LNGDP）_ 无锡

LNBUA_ 镇江 = 4.7614−12.3205+4.5807×LN（LNGDP）_ 镇江

LNBUA_ 常州 = 2.6280−12.3205+5.5791×LN（LNGDP）_ 常州

LNBUA_ 扬州 = 0.0014−12.3205+6.8004×LN（LNGDP）_ 扬州

回归结果中 $R^2 = 0.98$，系数和截距项拟合的 P 值为 0，说明回归方程拟合效果较好。从 15 个市的回归方程来看，长三角城市群城市扩张与 GDP 成正比，即 GDP 的增加促进城市建成区的扩张，而且随着 GDP 的增加，其影响程度降低。绍兴、宁波、苏州、嘉兴与其他城市相比，其城市扩张受 GDP 影响较大，绍兴、嘉兴、宁波作为浙江省的城市，相对于江苏省的城市其发展较慢，近几年城市扩张迅速，受 GDP 影响较大，而苏州与上海毗邻，其经济发展受上海影响较大。南通、扬州、泰州受 GDP 的影响程度大小仅次于以上四个城市，这三者发展程度相同，分布在长江北岸，比南岸城市发展慢。上海、南京、杭州城市扩张受 GDP 的影响相对较小，主要是因为作为经济中心，三个城市的 GDP 产值较大，其投入在城市建设中所占的比例较小，因此对其影响较小。

（2）不同产业对建成区的影响

第二产业（SIP）主要包括工业、建筑业等产业，在城市建设中占重要地位；第三产业（TIP）主要是服务业，完整的基础设施和良好的社会服务是城市建设的基本要求。随着社会经济的发展，人们越来越重视第三产业的发展，特别是在城市化水平较高的地区。因此这里主要分析第二产业和第三产业对城市扩张的影响，为城市发展提供切实可行的理论依据。

经过单位根检验，可知第二产业产值和第三产业产值均是一阶单整，因此需对模型进行修正。这里选取了产业比例，用第二产业和第三产业的比例来分析它们对城市扩张的影响。经修正的数据均是零阶单整，且与建成区面积存在协整关系。经过检验同样选取了个体固定效应模型，其结果见表 4-8。

表 4-8　不同产业与建成区面积回归结果

变量	解释变量系数	变量	解释变量系数
SIP_宁波	0.725 267	TIP_宁波	0.729 367
SIP_南京	1.947 826	TIP_南京	1.965 449
SIP_南通	0.142 577	TIP_南通	0.299 368
SIP_绍兴	0.526 354	TIP_绍兴	0.550 825
SIP_苏州	1.506 541	TIP_苏州	1.733 040
SIP_上海	5.468 528	TIP_上海	5.620 398
SIP_湖州	0.328 853	TIP_湖州	0.319 002
SIP_嘉兴	0.789 480	TIP_嘉兴	0.894 063
SIP_杭州	0.350 446	TIP_杭州	0.382 419
SIP_舟山	0.040 545	TIP_舟山	0.038 157
SIP_泰州	0.217 128	TIP_泰州	0.190 318
SIP_无锡	1.360 652	TIP_无锡	1.789 724
SIP_镇江	0.758 477	TIP_镇江	0.929 828
SIP_常州	0.501 971	TIP_常州	0.664 695
SIP_扬州	0.334 002	TIP_扬州	0.381 106
C	−96.395 76		

回归方程如下：

$BUA\_宁波 = 30.1793 - 96.3958 + 0.7253 \times SIP\_宁波 + 0.7294 \times TIP\_宁波$

$BUA\_南京 = -84.7860 - 96.3958 + 1.94788 \times SIP\_南京 + 1.9654 \times TIP\_南京$

$BUA\_南通 = 79.9726 - 96.3958 + 0.1426 \times SIP\_南通 + 0.2994 \times TIP\_南通$

$BUA\_绍兴 = 48.5713 - 96.3958 + 0.5264 \times SIP\_绍兴 + 0.5508 \times TIP\_绍兴$

$BUA\_苏州 = -53.1248 - 96.3958 + 1.5065 \times SIP\_苏州 + 1.7330 \times TIP\_苏州$

$BUA\_上海 = -439.8723 - 96.3958 + 5.4685 \times SIP\_上海 + 5.6204 \times TIP\_上海$

$BUA\_湖州 = 69.0353 - 96.3958 + 0.3289 \times SIP\_湖州 + 0.3190 \times TIP\_湖州$

$BUA\_嘉兴 = 23.5481 - 96.3958 + 0.7895 \times SIP\_嘉兴 + 0.8941 \times TIP\_嘉兴$

$BUA\_杭州 = 63.8559 - 96.3958 + 0.3504 \times SIP\_杭州 + 0.3824 \times TIP\_杭州$

$BUA\_舟山 = 96.8784 - 96.3958 + 0.0405 \times SIP\_舟山 + 0.0382 \times TIP\_舟山$

$BUA\_泰州 = 80.1013 - 96.3958 + 0.2171 \times SIP\_泰州 + 0.1903 \times TIP\_泰州$

$BUA\_无锡 = -47.9020 - 96.3958 + 1.3607 \times SIP\_无锡 + 1.7897 \times TIP\_无锡$

$BUA\_镇江 = 21.1782 - 96.3958 + 0.7585 \times SIP\_镇江 + 0.9298 \times TIP\_镇江$

$BUA\_常州 = 45.6532 - 96.3958 + 0.5020 \times SIP\_常州 + 0.6647 \times TIP\_常州$

$BUA\_扬州 = 66.7115 - 96.3958 + 0.3340 \times SIP\_扬州 + 0.3811 \times TIP\_扬州$

回归结果 $R^2 = 0.98$，$DW = 1.8$，方程拟合较好。从回归方程来看，第二产业、第三产业对城市化扩张是正影响，第三产业对城市化的影响多数比第二产业影响要大。但其对每个城市的建成区扩张影响程度趋势基本一致。

上海作为核心城市，第二、三产业对其城市扩张影响比其他城市要大得多，说明上海的城市发展注重第二、三产业，作为经济中心，更注重优化产业结构。南京、苏州、无锡的建成区扩张受第二、三产业影响比其他城市大，这三个城市的城市化进程较快，第二、三产业发展迅速。而泰州、南通、舟山等地，第二、三产业的占比虽在增加，但其发展较慢，对城市扩张影响比其余城市小。

（3）固定资产投资与城市扩张的关系

固定资产投资（IFA）是指建造和购置固定资产的经济活动，是社会增加固定资产、扩大生产规模、发展国民经济和提高人民物质文化生活水平的重要手段，是提高综合经济实力和经济技术水平的重要途径（孙晓娟，2012）。

对固定资产投资额进行平稳性检验，发现其为一阶单整，因此，这里需对模型进行修正，分别对固定资产投资额和建成区面积取对数，即 lnIFA 和 lnBUA，经协整检验发现它们之间存在协整关系。同样选取个体固定效应模型对其进行回归，所得结果见表4-9。

表4-9　固定资产投资额与建成区面积回归结果

变量	解释变量系数
LNIFA_宁波	0.823 813
LNIFA_南京	0.516 230
LNIFA_南通	0.534 785
LNIFA_绍兴	1.156 809
LNIFA_苏州	0.993 192
LNIFA_上海	0.640 898
LNIFA_湖州	0.730 496
LNIFA_嘉兴	1.048 783
LNIFA_杭州	0.518 406
LNIFA_舟山	0.094 964
LNIFA_泰州	0.495 316
LNIFA_无锡	0.458 268
LNIFA_镇江	0.386 108
LNIFA_常州	0.384 795
LNIFA_扬州	0.531 377
C	−3.055 375

回归方程如下：

LNBUA_ 宁波 = −1.9478 − 3.0554 + 0.8238×LNIFA_ 宁波

LNBUA_ 南京 = 1.2987 − 3.0554 + 0.5162×LNIFA_ 南京

LNBUA_ 南通 = −0.0738 − 3.0554 + 0.5348×LNIFA_ 南通

LNBUA_ 绍兴 = −3.8054 − 3.0554 + 1.1568×LNIFA_ 绍兴

LNBUA_ 苏州 = −2.8247 − 3.0554 + 0.9932×LNIFA_ 苏州

LNBUA_ 上海 = 0.3305 − 3.0554 + 0.6409×LNIFA_ 上海

LNBUA_ 湖州 = −0.6637 − 3.0554 + 0.7305×LNIFA_ 湖州

LNBUA_ 嘉兴 = −2.5568 − 3.0554 + 1.0488×LNIFA_ 嘉兴

LNBUA_ 湖州 = 0.0732 − 3.0554 + 0.5184×LNIFA_ 湖州

LNBUA_ 舟山 = 3.9007 − 3.0554 + 0.0950×LNIFA_ 舟山

LNBUA_ 泰州 = 0.6939 − 3.0554 + 0.4953×LNIFA_ 泰州

LNBUA_ 无锡 = 1.5358 − 3.0554 + 0.4583×LNIFA_ 无锡

LNBUA_ 镇江 = 1.8821 − 3.0554 + 0.3861×LNIFA_ 镇江

LNBUA_ 常州 = 1.6417 − 3.0554 + 0.3848×LNIFA_ 常州

LNBUA_ 扬州 = 0.5156 − 3.0554 + 0.5314×LNIFA_ 扬州

回归结果中 $R^2 = 0.986$，拟合显著，说明回归方程比较合理。固定资产投资额对建成区面积是正影响，随着固定资产投资额的增加，城市的建成区面积扩大。在城市扩张中，控制固定资产投资的方向和速度，可以更加合理地规划和控制城市扩张（蒋博和徐梦洁，2009）。

从拟合结果来看，绍兴、嘉兴、苏州、宁波的系数较大，说明这 4 个市的固定资产投入在城市建设方面比其他城市影响要大。其余城市的差别不是很大，但是舟山的系数仅为0.095，即当固定资产投入增加 1% 时，建成区仅扩张 0.095%，其影响较小，说明舟山的固定资产投入在城市建设方面相对较小。

4.2.4 小结

通过对城市扩张驱动机制的研究，探讨了影响长三角城市群城市扩张的主要动力因素，以及不同因子对城市群城市扩张过程中的不同影响程度。从以上的分析可以归结出以下几点。

1）面板数据模型能准确有效地评估社会经济因素对城市群城市扩张的影响，且能反映解释因子对被解释变量的影响程度，避免回归过程中的伪回归现象，同时可以从时间和空间两个纬度，更准确、更直观地反映驱动力因素对长三角城市群城市扩张的影响。

2）不同因子对城市扩张影响程度不同，非农业人口对城市扩张的影响较大；GDP 对城市扩张的影响是变化的，且随着 GDP 的增加，影响程度减小；第二、三产业对城市扩张影响程度基本一致，其中第三产业相对影响较大；固定资产投入对城市扩张的影响程度整体上较低。

3）不同城市受不同因素影响的程度不同。上海作为经济中心，其经济发展较快，且注重第二、三产业的发展，因此，第二、三产业对上海的城市扩张影响明显大于其他城市；苏州与上海相邻，受上海影响较大，人口、GDP、第二与第三产业、固定资产投入等，对其城市扩张影响程度大；固定资产投入对嘉兴和绍兴的影响较大，主要是因为这两个城市一个与上海相邻，一个位于宁波、杭州之间，在城市发展中为了与周边城市接轨，大力发展建成区的建设。

第5章 长三角城市群生态环境效应与变化

随着城市群数量与规模的不断发展，集中连片的发展模式对区域的生态环境胁迫越来越大，城市群的生态环境问题也越来越突出。国内外很多城市群区域面临着严重的资源短缺，以及水、土、气等环境污染问题，已经成为限制城市群可持续发展的瓶颈。因此，如何解析城市群发展模式对区域生态环境的累积和叠加影响及其形成机制，是调控城市群发展模式、推动区域协同发展战略实施的关键环节。

本章重点从长三角城市群生态系统质量、环境质量、资源环境利用效率、生态环境胁迫特征与变化等方面，定量评估长三角城市群生态环境特征及变化，并对生态环境变化的驱动机制进行分析。

5.1 生态质量特征与变化

5.1.1 植被破碎度特征与变化

图 5-1~图 5-3 所示为长三角 15 个城市 1984~2010 年 5 个时间节点（1984 年、1990

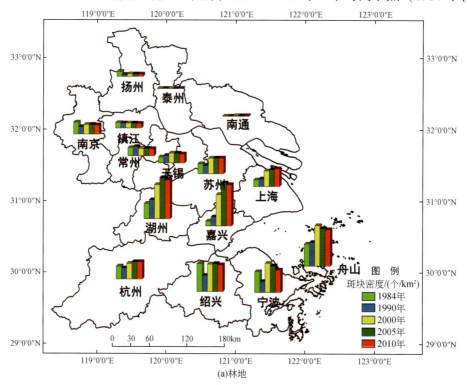

(a)林地

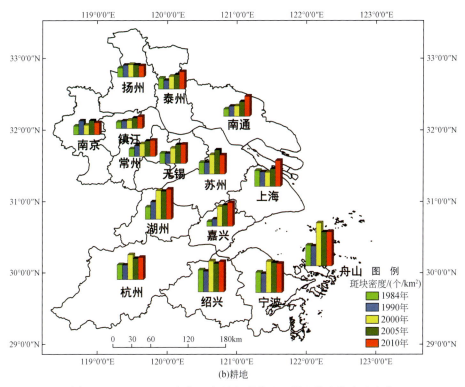

图 5-1 1984～2010 年长三角城市群林地、耕地的斑块密度变化

年、2000 年、2005 年和 2010 年）的林地和耕地斑块密度的变化情况。从图可以直观地看出，1984～2010 年，长三角区域 15 个城市的植被斑块密度有明显的时空变异。

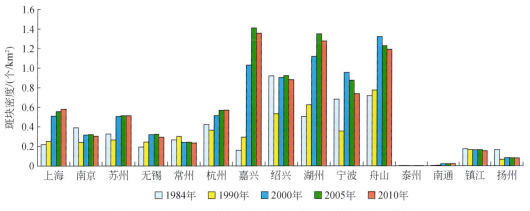

图 5-2 1984～2010 年长三角城市群林地斑块密度变化特征

从时间分异上看，1984～2010 年，长三角 15 个城市的"林地"斑块密度整体更趋于破碎。南京、常州、绍兴、镇江和扬州 5 个市的"林地"斑块密度有所降低，其他 9 个市的斑块密度都有所增加。其中，嘉兴和湖州林地斑块密度增加最多，分别为 120 个/hm²

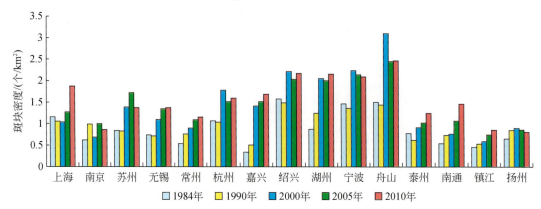

图 5-3   1984 ~ 2010 年长三角城市群耕地斑块密度变化特征

和 77 个/hm²。而长三角 15 个城市的"耕地"斑块密度也明显增加，嘉兴和湖州耕地的斑块密度增加最大，为 135 个/hm² 和 129 个/hm²。揭示了长三角区域城市化过程对耕地覆盖的干扰较大，耕地覆盖趋于越来越破碎。

5.1.2   植被覆盖特征与变化

图 5-4 ~ 图 5-6 所示为长三角 15 个城市近三十年 5 个时间节点（1984 年、1990 年、2000 年、2005 年和 2010 年）的林地和耕地所占比例的变化情况。从图可以直观地看出 1984 ~ 2010 年长三角区域 15 个城市的植被覆盖面积和比例存在明显的时空分异特征。

从时间分异上看，1984 ~ 2010 年，长三角 15 个城市平均的林地比例呈先降低后增高趋势。1984 ~ 1990 年，长三角区域林地比例从 19.4% 降至 18.5%，1990 ~ 2010 年，林地比例有所增加。而长三角 15 个城市的耕地比例是一直下降的，从 1984 年的平均 63%，下降到 2010 年的 40.9%。

从空间分异上看，不同区域城市的林地比例差异明显。浙江 6 个市林地比例明显高于江苏 8 个市和上海。浙江的林地比例都在 40% 以上，江苏和上海的林地比例都低于 8%。但不同时期，林地比例变化特征不同，1984 ~ 2010 年，这三个区域的林地比例都呈先降低后增加的趋势，即 1984 ~ 1990 年，林地比例降低，1990 ~ 2010 年，林地覆盖有所增加。不同区域城市的耕地比例存在差异。浙江 6 个市耕地比例明显低于江苏 8 个市和上海，江苏和上海的耕地比例差异不大。1984 ~ 1990 年，浙江、江苏和上海三个区域的耕地都有所减少，但减幅不大；1990 ~ 2010 年，浙江、江苏和上海三个区域的耕地覆盖减幅明显增大。"重点城市"和"非重点城市"的植被覆盖比例和变化也明显不同。6 个"重点城市"的林地和耕地比例都明显低于 9 个"非重点城市"。

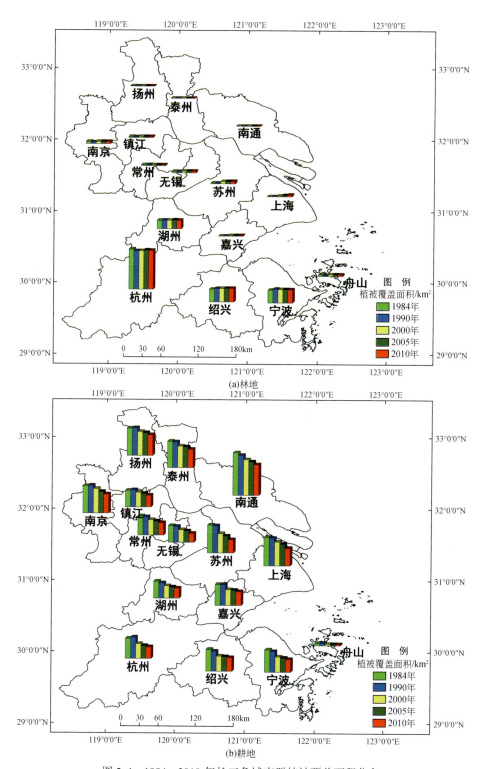

图 5-4   1984 ~ 2010 年长三角城市群植被覆盖面积分布

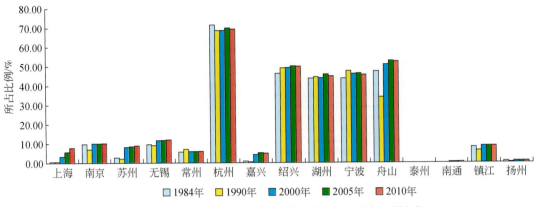

图 5-5　1984～2010 年长三角城市群各城市林地所占比例变化

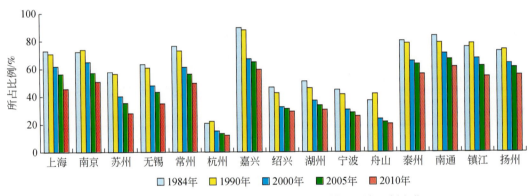

图 5-6　1984～2010 年长三角城市群各城市耕地所占比例变化

5.1.3　生物量特征与变化

　　图 5-7～图 5-9 所示为长三角 15 个城市近十年 3 个时间节点（2000 年、2005 年和 2010 年）的基于遥感信息反演的生物量变化情况。从图可以直观地看出 2000～2010 年长三角区域 15 个城市地表生物量的时空分异特征。

　　从时间分异上看，2000～2010 年，长三角 15 个城市的地表生物量是增加的。但不同时期的变化特征不同。2000～2005 年，除了上海和绍兴市的地表生物量增加外，其他 13 个城市的地表生物量都减少；而 2005～2010 年，长三角 15 个城市的地表生物量都明显增加。

　　从空间分异上看，不同区域城市的单位面积生物量变化特征不同。2000～2010 年，上海单位面积生物量增加最大，其次是江苏 8 个市，最小是浙江 6 个市。但不同时间的变化情况不同，上海市 2000～2005 年和 2005～2010 年两个时期，单位面积生物量都有所增加，江苏和浙江各城市（除绍兴外）2000～2005 年有所增加，而 2005～2010 年明显降低。

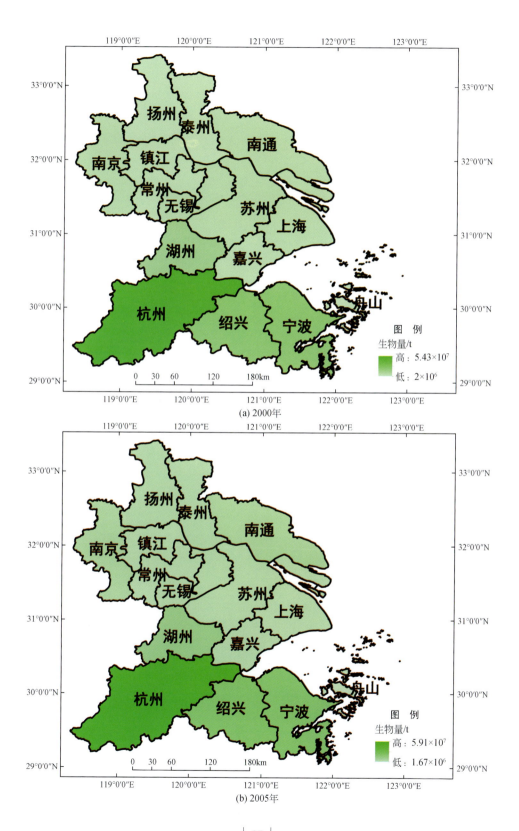

(a) 2000年

(b) 2005年

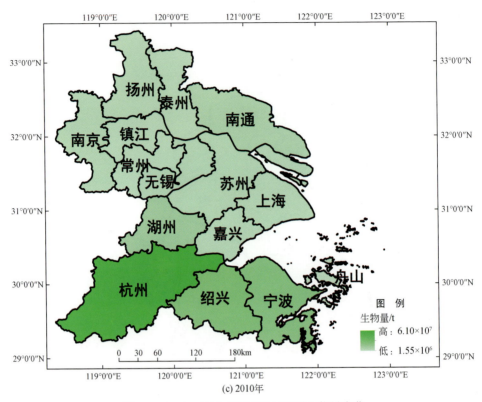

图 5-7 2000～2010 年长三角城市群生物量变化

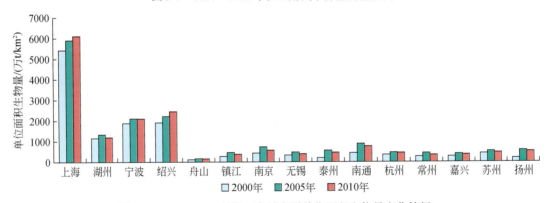

图 5-8 2000～2010 年长三角城市群单位面积生物量变化特征

此外,"重点城市"和"非重点城市"单位面积生物量变化也明显不同。总体上,2000～2010 年,非重点城市单位面积生物量增加幅度超过重点城市。但是,不同时期的变化特征不同。2000～2005 年,非重点城市单位面积生物量增加幅度超过重点城市,而 2005～2010 年,非重点城市单位面积生物量减幅也高于重点城市。

图 5-9 所示为长三角 15 个城市主城区生物量比例变化情况。结果表明,2000～2010 年,长三角 15 个城市主城区生物量占全市比例均有所增加。其中,无锡、苏州和上海,"主城区"生物量比例增加最大,截至 2010 年,这三个城市主城区生物量比例都超

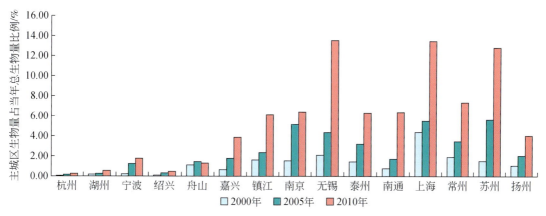

图 5-9　2000～2010 年长三角城市群主城区生物量比例变化特征

过 10%。

5.1.4　生态质量综合评价

本节采用等权重加权方法，基于"植被破碎度"、"植被覆盖比例"和"生物量"，综合评估长三角 15 个城市的生态质量变化情况（图 5-10 和图 5-11）。结果表明，2000～

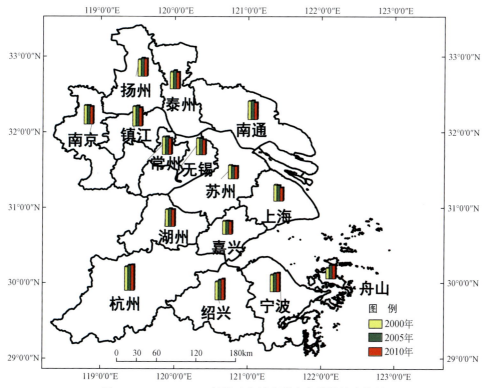

图 5-10　2000～2010 年长三角城市群生态质量综合指标

2010 年，长三角 15 个城市中，上海、南京、苏州、无锡、常州、镇江、南通和泰州 8 个城市的生态质量明显降低，扬州、杭州、宁波、绍兴和舟山 5 个城市的生态质量有所提高，湖州和嘉兴的综合生态质量变化不大。结果揭示了长三角区域，江苏的城市发展对生态质量的影响超过浙江，重点城市的发展对生态质量的影响超过非重点城市。

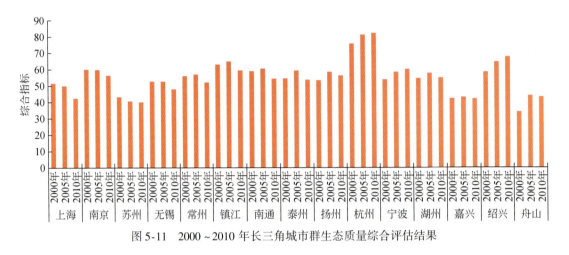

图 5-11　2000～2010 年长三角城市群生态质量综合评估结果

5.1.5　生态质量变化驱动机制分析

5.1.5.1　驱动因素分析

（1）经济因素

近年来，由于经济的发展，工业化和城镇化成为大多数地区生态系统结构和格局变化的主导因素，进而影响生态质量。通过对长三角城市群 15 个城市的经济产值的分析可得如下结论。

一方面，各城市 2000～2010 年经济迅猛发展，而 GDP 的高速增长离不开城市化和工业化的发展，二者对生态系统结构和格局都产生显著影响。工业化和城市化对区域生态系统质量的潜在影响主要包括促进交通、工矿等人工表面用地的迅速扩张，导致耕地、林地的减少。

另一方面，各城市产业结构进行了显著调整。2000～2010 年第一产业增长相对缓慢，第二、三产业发展迅速，形成了"二、三、一"的产业格局。第二、三产业的高速发展，吸纳了大量就业人口，提高了人民的生活水平，而这些变化加大了对基础设施建设以及工业和居住用地的需求，进而促进了人工表面用地的迅速扩张。

（2）人口因素

土地是人类赖以生存的最基本物质条件，人类通过对土地资源的改造利用来适应其生存环境。众多研究表明，人口的变化是影响 LUCC 最主要的社会经济因素之一，也是引起生态系统格局变化的驱动力之一（Ehrlich et al.，1993）。

1）人口数量的增加与人工表面用地的扩张。统计数据分析发现，长三角城市群 15 个城市 2000～2010 年户籍人口总数变化很小，几乎保持不变。而从常住人口来看，该区域 2005～2010 年常住人口增长迅速（南通、扬州和泰州除外），其中苏州和上海常住人口的增长率最快，分别增加了 38.11% 和 24.19%。人口的大量涌入，必然会导致出行交通设施、居住空间、生活配套服务等相关需求的急剧增加，从而引起土地覆盖结构的调整和改变——人工表面占地面积的增加。而这些新增的人工表面不可避免地会占用耕地、林地等，从而使土地利用结构发生变化，进一步加剧土地供需矛盾。

2）人口结构的变化与城市化扩张程度。通过对农业人口和非农业人口数据的分析发现，伴随着城市化进程的迅速推进，该区域 15 个城市的人口结构也发生了显著变化，其中农业人口所占的比例大幅度下降，非农业人口不断增加。农业人口的不断下降，相应的耕地需求自然减弱。人口结构的这一变化对生态系统质量的潜在影响主要表现在耕地的减少，人工表面和林地的增加。

3）人口的增长与用地方式的改变。随着人口的增长，必然会导致对农产品需求的增加，进而间接导致对耕地需求的增加。然而，由于农业科技水平的提高、现代化技术被应用到农业生产上，农业用地质量得到提升，粮食的单产提高，这在一定程度上缓解了人口增长对耕地减少的压力。

（3）政策因素

土地政策、法规也是影响生态系统格局变化的重要决定因素，其通过制订经营机制、地权制度、价格制度，设立开发建设项目等直接影响 LUCC。2000～2010 年国家和长三角城市群也制定了相应的城市发展规划和土地利用的政策法规。

1）国家相关的土地政策和法规。2001 年 4 月国务院针对国有土地资产而发布了《关于加强国有土地资产管理的通知》，通知中强调加强土地地价管理和经营管理。在土地开发整理方面，2002 年 8 月，颁布了《中华人民共和国农村土地承包法》，同年 12 月，出台了《退耕护岸林条例》；在土地使用方面，2007 年 9 月，出台了《实际耕地与新增建设用地面积确定办法》；在土地管理方面，为加强耕地保护，于 2008 年 2 月颁布了《中华人民共和国耕地占用税暂行条例》。

2）长三角区域的相关土地政策与规定。上海市为了规范土地使用权出让行为，完善土地使用制度，于 2001 年 5 月出台了《上海市人民政府关于修改<上海市土地使用权出让办法>的决定》（第一次修正），并于 2008 年 11 月出台了《上海市人民政府关于修改<上海市土地使用权出让办法>的决定》（第二次修正）。

浙江省为对基本农田实行保护，促进社会经济和农业生产可持续发展，于 2002 年 10 月颁布了《浙江省基本农田保护条例》；为加强林地的保护和管理，合理利用林地，于 2005 年 11 月颁布了《浙江省林地管理办法》，要求各级政府必须珍惜林地，加强林地管理，禁止滥用和侵占林地的违法行为；鉴于日趋严重的土地违法问题，于 2005 年下发了《土地整治实施意见》，严格查处市、县（区）各类土地违法违规案件。

江苏省于 2005 年 12 月颁布了《江苏省建设用地审批办法》，要求严格执行审批农用地转用和未利用地使用的建设用地审批程序。此外，为落实非农建设占用耕地"占一补一"制度，切实做好补充耕地工作，江苏省于 2006 年出台了《江苏省耕地占补平衡考核办法》，加强了耕地占补平衡补充地项目库建设。

从长三角城市群的土地管理发展进程看，相关政策法规的制定对长三角城市群的生态系统质量的变化具有引导和推动的作用。

5.1.5.2 驱动机制分析

（1）典型相关分析

为了深入揭示长三角城市群生态质量变化的影响机制，分析生态质量因子和人类社会活动变量间的相互关系，本节采用典型相关分析方法，分析长三角区域生态质量变化和人类活动的相关响应关系。与其他相关统计方法比较，典型相关分析适用于多个标准变量和多个自变量，而所分析的标准变量组的各个变量间拥有较强的相关性。在生态系统结构与格局变化驱动力研究中，不同的生态要素类型与空间配置间相互制约、相互影响，因此，典型相关分析成为多变量因子驱动机制研究的最佳统计工具。典型相关分析的应用可以成功地将各类因子的驱动力贡献加以定量分析和模拟，所以该方法被广泛应用于判别多要素相互影响的驱动力研究（蒙吉军等，2003）。本节采用典型相关分析的方法分析社会经济驱动因子与长三角城市群生态系统组成两组变量间的相关关系，以期获得研究区域 2000～2010 年社会经济快速发展与不同生态系统组成变化的规律。

典型相关分析由 Hotelling 提出（Hotelling，1936）。该分析方法解释的是两组多元随机变量之间的关系。其基本思想是根据变量间的相关关系，寻找少数几个综合变量来对原变量进行替换，进而将两组变量的关系集中到少数几对综合变量的关系上。上述两组多元随机变量中一组是标准变量组，另一组是自变量组。需要强调的是，典型相关分析是将各组变量视为整体，所以它描述的是两个变量组间整体的相关形式，而不是两个变量组中变量的相关。

典型相关分析的具体操作步骤如下：在标准变量组内各变量间提取一个典型变量，在自变量组内各变量间也提取一个典型变量，使这一典型变量组合具有最大的相关；接着再在每一组变量中提取第二个典型变量，保障在同第一个典型变量不相关的变量中，此组典型变量间的相关是最大的；依此类推，直至两组变量间相关提取完毕为止。因此，典型相关分析是把原先较多变量转换成数量较少的几个典型变量，利用这些较少的典型变量间的典型相关系数来对两组多元随机变量间的相关关系进行综合描述。

（2）典型相关分析结果

研究选取 2000 年、2005 年、2010 年长三角城市群 15 个城市的反映生态系统组成的景观指数数据及社会经济统计数据为数据样本，定义各城市不同年份的生态系统组成变化量为目标变量组 Y，各城市不同年份社会经济统计数据为解释变量组 X。其中目标变量组由耕地、人工表面、湿地、林地及草地 5 个变量组成；解释变量组由表 5-1 列出的驱动因子共 26 个变量组成。

表 5-1　社会经济人口因子的选择

因子编号	因子名称	因子类别
X1	户籍人口/万人	人口因素
X2	非农业人口/万人	
X3	农业人口/万人	
X4	非农业人口比例/%	
X5	人口密度/（人/km²）	
X6	国内生产总值/亿元	经济因素
X7	第一产业增加值/亿元	
X8	第二产业增加值/亿元	
X9	第三产业增加值/亿元	
X10	工业总产值/亿元	
X11	农业总产值/亿元	
X12	人均 GDP/元	
X13	第一产业百分比/%	
X14	第二产业百分比/%	
X15	第三产业百分比/%	
X16	经济密度/（万元 GDP/km²）	
X17	地方财政收入/亿元	
X18	地方财政支出/亿元	
X19	社会消费品零售总额/亿元	消费能力因素
X20	城镇居民家庭可支配收入/元	
X21	农村人均纯收入/元	
X22	农用化肥施用量/万 t	技术因素
X23	农用机械动力/kW	
X24	固定资产投资额/亿元	
X25	等级公路里程/km	
X26	旅客周转量/（亿人次·km）	社会意识因素

资料来源：各城市统计年鉴、《中国城市统计年鉴》、《中国区域经济统计年鉴》、《新中国六十年统计资料汇编》等。

　　因为同一随机变量组内各典型变量的样本协方差为 0，不同组不对应的典型变量之间的样本协方差也为 0，这使得变量组 X 和分析变量组 Y 间的关系转化为只需要分析从两组中提取出的相对应的典型变量间的关系。利用 SPSS18.0 软件，通过调用典型相关分析（canonieal correlation）命令程序来对样本数据进行典型相关分析，得到的长三角城市群生态系统组成的典型载荷如表 5-2 所示。

表 5-2　运用典型相关分析所得的生态系统组成的典型载荷

定义组	变量名称	典型载荷				
		典型变量 1	典型变量 2	典型变量 3	典型变量 4	典型变量 5
目标变量组 Y	林地	-0.913	0.031	-0.184	0.316	-0.179
	草地	-0.611	-0.775	-0.141	-0.079	0.008
	耕地	0.444	0.187	0.560	-0.658	0.146
	人工表面	0.661	0.086	-0.714	-0.163	0.141
	湿地	0.819	-0.466	0.283	0.170	0.062
解释变量组 X	户籍人口	0.177	-0.601	-0.013	-0.077	0.472
	非农业人口	0.203	-0.774	-0.077	-0.135	0.280
	农业人口	-0.026	0.282	0.145	0.121	0.537
	非农业人口比例	0.336	-0.560	-0.348	-0.116	0.105
	人口密度	0.471	-0.743	0.133	-0.112	0.139
	国内生产总值	0.120	-0.794	-0.291	-0.061	0.216
	第一产业增加值	0.023	0.067	-0.179	0.379	0.311
	第二产业增加值	0.150	-0.742	-0.363	-0.052	0.207
	第三产业增加值	0.090	-0.836	-0.215	-0.078	0.213
	工业总产值	0.161	-0.654	-0.478	-0.086	0.155
	农业总产值	0.209	-0.185	-0.147	0.307	0.259
	人均 GDP	0.107	-0.346	-0.656	0.187	-0.080
	第一产业百分比	-0.185	0.195	0.367	0.026	-0.320
	第二产业百分比	0.300	0.455	-0.083	0.019	0.241
	第三产业百分比	-0.174	-0.621	-0.180	-0.057	0.016
	经济密度	0.266	-0.835	-0.231	-0.038	0.117
	地方财政收入	0.102	-0.852	-0.210	-0.071	0.189
	地方财政支出	0.129	-0.863	-0.176	-0.043	0.177
	社会消费品零售总额	0.131	-0.788	-0.280	-0.001	0.189
	城镇居民家庭可支配收入	0.073	-0.370	-0.480	0.362	-0.198
	农村人均纯收入	0.068	-0.281	-0.459	0.279	-0.250
	农用化肥施用量	0.452	0.108	0.245	-0.066	0.456
	农用机械动力	-0.279	0.336	-0.148	0.352	0.224
	固定资产投资额	0.245	-0.637	-0.458	0.082	0.156
	等级公路里程	0.109	-0.272	-0.399	0.290	0.233
	旅客周转量	0.168	-0.836	-0.176	-0.131	0.229

为了证明分析结果的准确性，运用冗余度分析和典型相关系数对上述分析的结果进行检验。表 5-3 给出了 5 个典型变量的相关系数。可以看出，相对应的典型变量间存在密切关系，特别是前 4 个典型变量对应的相关系数分别为 0.990、0.978、0.937 和 0.904。在位数逐减检验结果中，前 4 个典型变量的显著性水平值都小于 0.05，表明对于前 4 个典型变量，判别的解释变量可以清楚而充分地解释相应标准变量的分布格局，具有统计学意义。

表 5-3　典型相关系数及位数逐减检验结果

组数	典型相关系数	Wilk's	Chi-SQ	DF	Sig.
1	0.990	0.000	323.982	130.000	0.000
2	0.978	0.000	213.310	100.000	0.000
3	0.937	0.011	125.665	72.000	0.000
4	0.904	0.092	66.826	46.000	0.024
5	0.703	0.505	19.115	22.000	0.638

由表 5-2 可知，第一个典型变量分离出林地和湿地，其典型载荷分别为 -0.913 和 0.819。与之相对应的驱动因子主要是人口密度、农用化肥施用量、非农业人口比例、第二产业百分比和农业机械动力，它们的典型载荷分别为 0.471、0.452、0.336、0.300、-0.279。

林地的变化与人口密度和非农业人口比例呈负相关，同农业机械动力呈正相关。从人口方面看，人口密度和非农业人口的比例与林地面积的变化密切相关，说明林地面积的缩减受人类活动的影响逐渐增强。从两者之间呈负相关可知：一方面，随着计划生育政策的贯彻落实，各地的人口增长率都有所下降，如南京市的人口密度年增长率由 2001 年的 1.46% 降到了 2010 年的 0.85%，绍兴的增长率由 2000 年的 0.73% 降到 2010 年的 0.17%，使林地面积减缓速度得到有效遏制。另一方面，由于城市化水平较高城市的人口集聚能力较强，使人口不断向上海、南京、杭州、无锡、苏州、宁波等大城市集聚，使得泰州、南通、镇江等城市的人口密度逐年下降。从人口密度与林地面积呈负相关来看，人口密度下降的趋势有利于该区域林地面积的保护。从产业结构上看，第二产业的增长对林地面积的变化起到负向推动作用，研究区域各城市的第二产业产值均在逐年稳步增长，因此，在发展第二产业的同时，需要加强对林地保护工作的重视。从农业基础设施上看，林地面积的变化与农业机械总动力呈正相关，说明农业基础设施的完备使现代农业对耕地的依赖程度逐渐减低，进而减少了毁林开荒行为的发生。

湿地的变化与人口密度、非农业人口比例呈正相关，与农业机械动力呈负相关：一方面，随着人口的增长和农业人口向非农业人口的转移，人们更加重视生态效益和社会效益，湿地面积不断增加；另一方面，耕地收益相对低下，而农用化肥施用量的增加进一步提高了种植业成本，驱动了耕地向效益较高的鱼塘等其他用地类型转换。

第二个典型变量将草地与其他类型相分离，其典型载荷为 -0.775。与之相对应的驱动因子主要是地方财政支出、地方财政收入、旅客周转量、第三产业增加值和经济密度，它们的典型载荷分别为-0.863、-0.852、-0.836、-0.836 和-0.835。可见，草地面积的变化主要与地方财政支出、地方财政收入、旅客周转量、第三产业增加值和经济密度呈正相关。地方财政收入的增加，可以使地方政府有更多的财政支出用于改善城市的生态环境，促进城市园林绿地面积的增加。此外，随着第三产业和经济密度的增长，促进了市政基础设施建设的不断健全，同时带动了旅游服务业的迅速发展，加强了对草地绿化的合理规划和建设。

第三个典型变量将人工表面同其他类型相分离，其典型载荷为-0.714。与之相对应的驱动因子主要是人均 GDP、城镇居民家庭可支配收入、工业总产值、农村人均纯收入和固定资产投资额，它们的典型载荷分别为-0.656、-0.480、-0.478、-0.459 和-0.458。可见，人工表面面积的变化与人均 GDP、城镇居民家庭可支配收入、工业总产值、农村人均纯收入和固定资产投资额呈正相关。从经济上看，随着人均 GDP 和工业总产值的提高，人民的生活水平不断得到改善，工业化和城市化进程加快，城市的新建与发展，必然会引起各类建设用地的增加。

第四个典型变量将耕地与其他类型相分离，其典型载荷为-0.658。与其相对应的驱动因子主要是第一产业增加值、城镇居民家庭可支配收入、农用机械动力、农业总产值和等级公路里程，它们的典型载荷分别为 0.379、0.362、0.352、0.307 和 0.290。可见，耕地面积的变化与第一产业增加值、城镇居民家庭可支配收入、农用机械动力、农业总产值和等级公路里程呈负相关。从农业基础设施上看，耕地面积的变化与农用机械动力呈负相关，说明农业基础设施的完备使现代农业对耕地的依赖程度逐渐减低。从经济上看，农业结构的调整以及有关耕地政策的出台，均与区域经济的发展变化及农民的比较利益息息相关。耕地收益相对较低，驱动了耕地向其他用途土地类型转移，人们更倾向于发展乡镇企业及其他非农产业；而在农业内部，农民更愿意改耕地为水池、果园等，发展林牧副渔业，增加收入。可见，2000～2010 年长三角区域耕地面积变化主要是由农业结构的调整以及人民生活水平的提高带动的。此外，随着交通运输发展的日趋完善，农民外出务工的渠道不断增多，使很多耕地撂荒，转变成为人工表面，使耕地面积减少。

从冗余度分析结果可看出（表5-4）：前 4 个典型变量具有较高的解释百分比，被解释的目标变量中分别有 98.5% 和 92.2% 的信息可以由解释变量予以解释，反映出二者间具有较高的相关性。第 5 个典型变量的解释百分比较小，由经验判定，前 4 个典型变量对结果分析有效。

表 5-4　冗余度分析表

典型度量	1	2	3	4	5
Y 的变异可被自身典型变量所解释的比例	0.502	0.172	0.192	0.119	0.015
Y 的变异可被相对典型变量所解释的比例	0.492	0.165	0.168	0.097	0.008

此外，本小节试图对不同生态系统类型的破碎化程度与社会经济驱动因子间的相互影响进行典型相关分析，对分析结果进行冗余度分析和相关系数检验发现，相对应的典型变量间虽存在着密切关系，但只有前两个典型变量的显著性水平值低于 0.05，判别的解释变量不能对相应标准变量的分布格局进行充分而清楚的解释，不具备统计学意义。分析其原

因可能如下：根据长三角城市群生态系统组成变化的原因分析，影响研究区域林地、草地、耕地、人工表面和湿地五种土地覆盖/利用类型破碎化程度的因子关联度排序极为相似；其中排在前四的均为第二产业百分比、第三产业百分比、人口密度和农用机械动力，导致不能提取几个不相干的典型变量（表 5-5）。

表 5-5 典型相关系数及位数逐减检验结果（破碎度）

组数	典型相关系数	Wilk's	Chi-SQ	DF	Sig.
1	0.98	0	238.379	130	0
2	0.969	0.005	147.422	100	0.001
3	0.861	0.084	69.419	72	0.564
4	0.713	0.324	31.564	46	0.948
5	0.583	0.66	11.648	22	0.964

5.2 环境质量特征与变化

在长三角城市群环境质量评估方面，根据环境监测数据的可获得性，我们主要评估了 2000～2010 年大气质量变化特征。主要数据来源是能够通过公开渠道查询的环保部门数据。由于环境监测数据的公开度较低，水环境和土壤环境的数据无法获得。

图 5-12～图 5-17 为长三角 6 个重点城市（上海、南京、苏州、无锡、常州和杭州）2000～2010 年空气质量优良率、酸雨频率、酸雨 pH、PM_{10} 浓度、二氧化硫和二氧化氮等监测指标变化情况。环境部门的监测数据显示，2000～2010 年，长三角重点城市的空气质量优良率多是不断增加的。2010 年，上海、苏州、无锡和常州的空气质量优良率都超过 90%，南京和杭州相对低，分别为 82.7% 和 86%。酸雨频率和程度加剧，其中上海 2000～2010 年酸雨频率增加程度最大。PM_{10} 浓度整体下降，2000～2005 年下降的幅度高于 2005～2010 年。二氧化硫浓度，苏州持续下降，上海、南京、无锡 2000～2005 年明显增加，然后降低。二氧化氮浓度，不同城市变化特征不同，上海为持续降低，南京、苏州和无锡为增加。

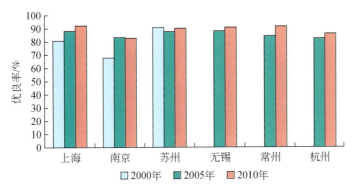

图 5-12 2000～2010 年长三角重点城市环境空气质量优良率

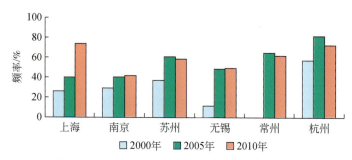

图 5-13　2000～2010 年长三角重点城市酸雨频率

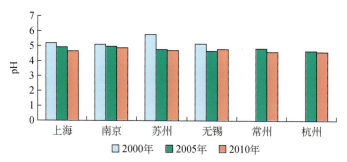

图 5-14　2000～2010 年长三角重点城市酸雨 pH 均值

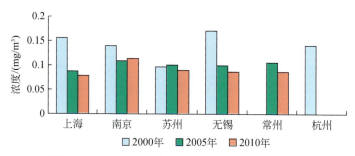

图 5-15　2000～2010 年长三角重点城市 PM_{10} 浓度

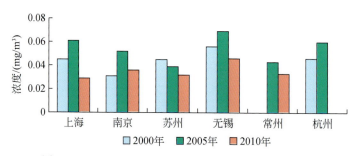

图 5-16　2000～2010 年长三角重点城市二氧化硫浓度

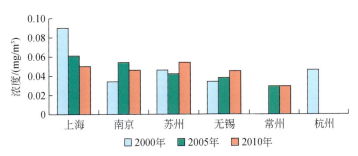

图 5-17 2000 ~ 2010 年长三角重点城市二氧化氮浓度

5.3 资源环境利用效率与变化

长三角城市群的资源环境利用效率评估主要分析了 15 个城市的水资源利用效率、能源利用效率和环境利用效率。其中，水资源和能源利用效率关注的是每个城市建成区单位 GDP 用水总量和用电总量，环境利用效率关注的是单位 GDP 工业废气（SO_2）和废水（COD）的排放量。

结果表明（图 5-18 ~ 图 5-21），2000 ~ 2010 年，长三角 15 个城市水资源利用效率都明显提高，其中南京提高幅度最大，单位 GDP 用水总量从 2000 年的 126 万 t/亿元降低到 2010 年的 29 万 t/亿元，其次是上海。2005 ~ 2010 年，长三角 15 个城市能源利用效率也多有明显提高，其中，常州和南京提高幅度最大。2000 ~ 2010 年，长三角 15 个城市单位 GDP 工业 SO_2 排放量明显降低，湖州、宁波、镇江、南京和苏州降低最多。2000 ~ 2010 年，长三角 15 个城市单位 GDP 工业 COD 排放量也是明显降低的，杭州、舟山、苏州和南京降低最多。

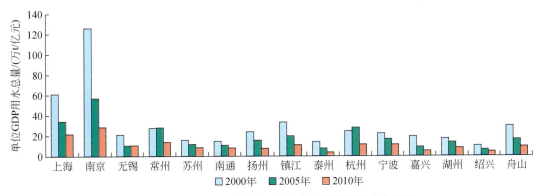

图 5-18 2000 ~ 2010 年长三角城市水资源利用变化特征

以上述 4 个指标（"单位 GDP 用水总量"、"单位 GDP 用电总量"、"单位 GDP 工业 SO_2 排放量"和"单位 GDP 工业 COD 排放量"）为代表，对 2000 ~ 2010 年长三角 15 个城

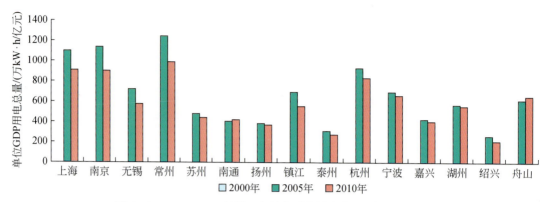

图 5-19　2000~2010 年长三角城市群各城市能源利用变化特征

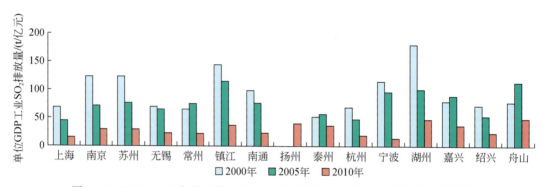

图 5-20　2000~2010 年长三角城市群各城市单位 GDP 工业 SO$_2$ 排放量变化特征

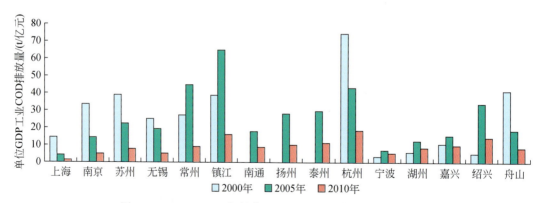

图 5-21　2000~2010 年单位 GDP 工业 COD 排放量变化特征

市的资源环境利用效率进行综合评价（图 5-22 和图 5-23）。

　　结果表明，从时间变化特征看，长三角 15 个城市整体的资源环境利用效率在不断提高。江苏泰州、南通和浙江绍兴的资源环境利用效率最高，南京、常州、杭州和上海的资源环境利用效率相对最低。表明长三角重点城市的发展、资源环境利用效率比其他城市偏低。

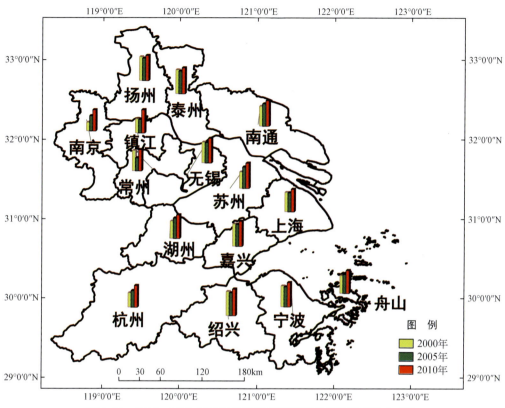

图 5-22　2000～2010 年长三角城市群资源环境利用效率综合变化

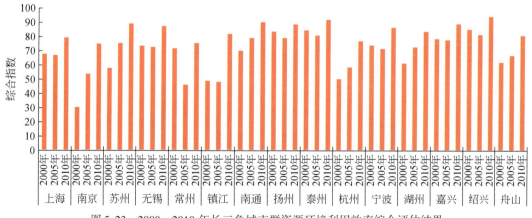

图 5-23　2000～2010 年长三角城市群资源环境利用效率综合评估结果

5.4 生态环境胁迫特征与变化

本节从人口密度、经济活动强度、水资源利用强度、能源利用强度、大气污染强度、水污染强度等方面，对长三角城市群城市化过程的生态环境胁迫压力进行了评估。根据指标数据的可获得性，有的指标的时间范围是 1984~2010 年，有的指标时间范围是 2000~2010 年或 2005~2010 年。

5.4.1 人口密度

图 5-24 和图 5-25 所示为长三角 15 个城市近三十年的人口密度变化特征。从图可以直观地看出，1984~2010 年长三角区域 15 个城市人口密度都是增加的。但不同时期增幅不同，1984~1990 年，上海和浙江的人口密度增幅大于 1990~2010 年，而江苏在这两个时期，人口密度增幅都是不断加大。表明江苏 8 个市，人口密度增长的速度在不断加快。

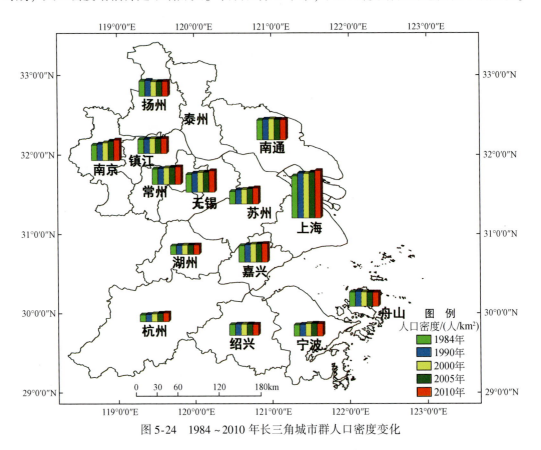

图 5-24　1984~2010 年长三角城市群人口密度变化

从时间分异上看，1984~2010 年，上海人口密度增加最快，从 1984 年的 1967 人/km²

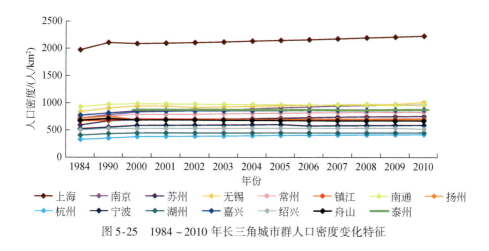

图 5-25   1984～2010 年长三角城市群人口密度变化特征

增加到 2010 年的 2227 人/km²，每平方千米增加 260 人。江苏 8 个市的平均人口密度和增加幅度均明显高于浙江 6 个市，从 1984 年的 737 人/km² 增加到 2010 年的 847 人/km²，每平方千米增加 110 人，浙江 6 个市平均人口密度从 1984 年的 530 人/km² 增加到 2010 年的 584 人/km²，每平方千米增加 54 人。

此外，"重点城市"和"非重点城市"平均人口密度和变化特征明显不同。6 个重点城市的人口密度明显大于 9 个非重点城市，而且增长的幅度也高于非重点城市。重点城市平均人口密度从 1984 年的 859 人/km² 增加到 2010 年的 1032 人/km²，非重点城市平均人口密度从 1984 年的 619 人/km² 增加到 2010 年的 702 人/km²。

5.4.2   经济活动强度

图 5-26 和图 5-27 所示为长三角 15 个城市近十年的经济活动强度（单位面积 GDP）变化特征。从图可以直观地看出，2000～2010 年，长三角区域 15 个城市单位面积 GDP 都是明显增加的。

从时间分异上看，2000～2010 年，长三角区域 15 个城市单位面积 GDP 在持续增加。但不同时期，增加的强度不同。近五年（2005～2010 年）比前五年（2000～2005 年）的单位面积 GDP 增加程度明显加大，2000 年 15 个城市的平均单位面积 GDP 为 1596 万元/km²，2005 年增为 2986 万元/km²，2010 年增为 5444 万元/km²。

从空间分异上看，2000～2010 年，同一时期，上海的单位面积 GDP 远高于其他城市。其次，江苏 8 个市平均单位面积 GDP 明显高于浙江 6 个市。表明长三角区域的经济活动特征及变化强度存在明显的区域差异。

此外，"重点城市"和"非重点城市"平均经济活动强度和变化特征明显不同。6 个重点城市的经济活动强度明显高于同时期的 9 个非重点城市，进一步揭示了城市和城市间的经济活动特征差异。

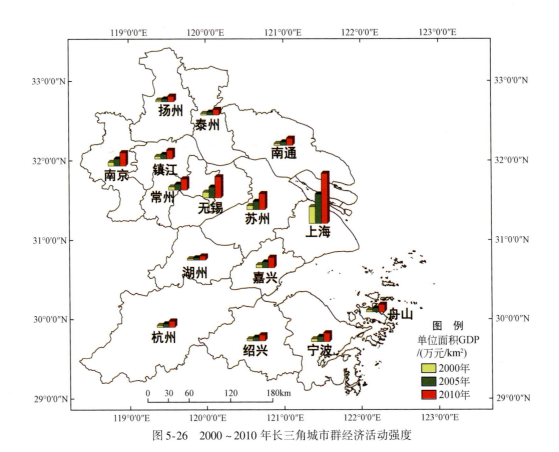

图 5-26 2000~2010 年长三角城市群经济活动强度

图 5-27 2000~2010 年长三角城市群经济活动强度变化特征

5.4.3 水资源利用强度

本节以单位面积用水量表征水资源利用强度。图 5-28 所示为长三角 15 个城市近十年的水资源利用强度特征。从图中可以直观地看出，2000~2010 年长三角区域 15 个城市水资源利用强度多是不断增加的。

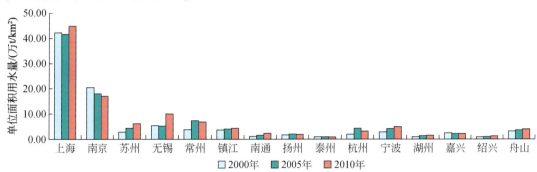

图 5-28　2000～2010 年长三角城市群单位面积用水量

从时间分异上看，2000～2010 年，长三角区域 15 个城市单位面积用水量多在不断增加。但不同时期，增加的强度不同。近五年（2005～2010 年）比前五年（2000～2005 年）的单位面积用水量增长程度明显加大，2000 年 15 个城市的平均单位面积用水量为 6.32 万 t/km²，2005 年增为 6.81 万 t/km²，2010 年增为 7.44 万 t/km²。

从空间分异上看，2000～2010 年，同一时期，上海的单位面积用水量明显高于其他城市。其次，江苏 8 个市平均单位面积用水量明显高于浙江 6 个市。表明长三角区域的水资源利用强度及变化强度存在明显的区域差异。

此外，"重点城市"和"非重点城市"平均水资源利用强度和变化特征明显不同。6 个重点城市的水资源利用强度明显高于同时期的 9 个非重点城市。长三角区域不同城市、不同时期的水资源利用强度变化规律与经济活动强度一致，进一步揭示了城市资源利用和经济活动特征密切相关。

5.4.4　能源利用强度

图 5-29 所示为长三角 15 个城市近五年的能源利用强度特征（2000 年能源数据缺失）。从图可以直观地看出，2005～2010 年长三角区域 15 个城市能源利用强度明显增加，15 个城市平均的单位面积用电量从 2005 年的 237 万 kW·h/km² 增加到 2010 年的 367 万 kW·h/km²。

图 5-29　2005～2010 年长三角城市群单位面积用电量

从空间分异上看，2005～2010 年，上海的单位面积用电量远高于其他城市。其次，江苏 8 个市平均单位面积用电量明显高于浙江 6 个市。同样表明长三角区域的能源利用强度存在明显的区域差异。

此外，"重点城市"和"非重点城市"平均能源利用强度也明显不同。6 个重点城市的能源利用强度明显高于同时期的 9 个非重点城市。长三角区域不同城市、不同时期的能源利用强度变化规律与水资源利用强度和经济活动强度一致，进一步揭示了城市资源利用和经济活动特征密切相关。

5.4.5 大气污染强度

图 5-30 和图 5-31 所示为长三角 15 个城市近十年的单位面积烟尘和 SO_2 排放量变化特征。

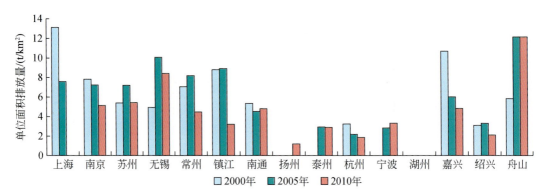

图 5-30 2000～2010 年长三角城市群单位面积烟尘排放量

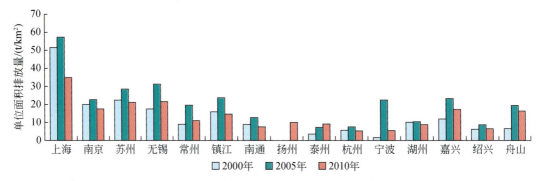

图 5-31 2000～2010 年长三角城市群单位面积 SO_2 排放量

从时间分异上看，2000～2010 年，长三角区域 15 个城市整体的单位面积烟尘排放量多是降低的，从 2000 年的平均单位面积烟尘排放量 6.84t/km^2 降低到 2005 年的 6.39t/km^2，又降至 2010 年的 4.6t/km^2。总体上，2000～2005 年，有些城市单位面积烟尘排放量增加，如浙江的舟山和江苏的无锡、苏州，而 2005~2010 年，多数城市单位面积烟尘排放量是减少的。单位面积 SO_2 排放量的变化特征与单位面积烟尘排放量变化特征相似，即 2000~2010 年，长三角区域 15 个城市整体的单位面积 SO_2 排放量是减少的。

从空间分异上看，2000 年，上海单位面积烟尘排放量明显高于其他城市，江苏 8 个市单位面积烟尘排放量高于浙江 6 个市。到 2005 年，上海单位面积烟尘排放量明显降低，但依然高于江苏和浙江。值得注意的是，2005~2010 年，浙江的单位面积烟尘排放量超过江苏。而单位面积 SO_2 排放量的区域变化特征和烟尘排放量有所不同，2000~2010 年，同期上海的单位面积 SO_2 排放量最高，其后是江苏和浙江。但不同时期变化规律不同，2000~2005 年，上海、江苏和浙江的单位面积 SO_2 排放量都是明显增加的，而 2005~2010 年，这三个区域单位面积 SO_2 排放量明显降低。

此外，"重点城市"和"非重点城市"单位面积烟尘排放量明显不同。2000~2010 年不同时期，重点城市的单位面积烟尘排放量均高于非重点城市。2000~2005 年，重点城市单位面积烟尘排放量是增加的，而非重点城市单位面积烟尘排放量是减少的，而 2005~2010 年，重点和非重点城市的单位面积烟尘排放量都是减少的。单位面积 SO_2 排放特征和烟尘排放有所不同，2000~2010 年不同时期，重点城市的单位面积 SO_2 排放量均高于非重点城市，但不同时期变化规律不同，2000~2005 年，重点和非重点城市的单位面积 SO_2 排放量都是明显增加的，而 2005~2010 年，这两个区域单位面积 SO_2 排放量明显降低。表明城市不同大气污染物排放和人类活动的关系不同。

5.4.6 水污染强度

图 5-32 所示为长三角 15 个城市 2000~2010 年的单位面积工业 COD 排放量变化特征。

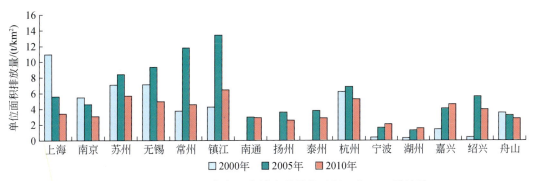

图 5-32　2000~2010 年长三角城市群单位面积工业 COD 排放量

从时间分异上看，2000~2010 年，长三角区域 15 个城市整体的单位面积工业 COD 排放量是降低的。但不同时期变化特征不同，2000~2005 年，长三角 15 个城市平均的单位面积工业 COD 排放量增加，而 2005~2010 年，长三角 15 个城市平均的单位面积工业 COD 排放量降低。

从空间分异上看，上海、江苏 8 个市和浙江 6 个市存在明显区域差异。2000~2010

年，上海单位面积工业 COD 排放量持续下降，江苏和浙江都是先增加（2000～2005 年）后降低（2005～2010 年），表明上海的环保要求和工艺水平是明显高于其他城市的。

此外，重点城市和非重点城市单位面积工业 COD 排放量明显不同。2000～2010 年不同时期，重点城市的单位面积工业 COD 排放量均高于非重点城市，不同时期的变化规律一致，都是先增加（2000～2005 年）后降低（2005～2010 年）。

5.5 综合评估

图 5-33 和图 5-34 所示为基于上述人口密度、经济活动强度、水资源和能源利用强度、大气和水污染强度等生态环境胁迫指标的评估结果，对长三角城市群城市化过程对区域生态环境胁迫程度及变化进行的综合评估。

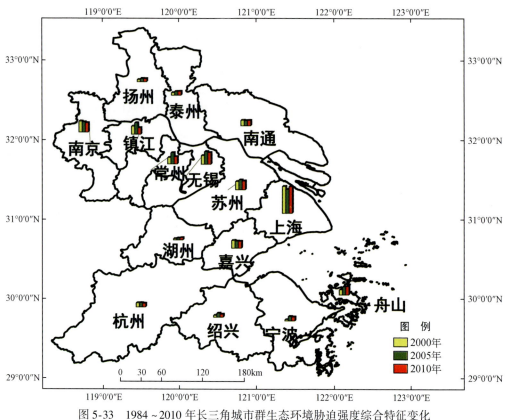

图 5-33 1984～2010 年长三角城市群生态环境胁迫强度综合特征变化

结果表明，2000～2010 年，只有江苏的南京和浙江的嘉兴生态环境综合胁迫程度在持续降低，上海是先降低（2000～2005 年）后升高（2005～2010 年），江苏镇江是先升高（2000～2005 年）后降低（2005～2010 年），而江苏的苏州、无锡、常州、扬州、泰州和浙江的宁波、湖州、绍兴和舟山，生态环境胁迫程度总体是增加的，杭州和南通变化不大。分析原因，上海的用水程度 2005 年比 2000 年有所降低，而 2010 年又增加。镇江是

图 5-34　长三角城市群生态环境胁迫强度综合指标

2005 年的工业废水 COD 排放明显高于 2010 年。其他城市（如苏州、无锡、常州），主要是近十年工业废气排放量有所增加。

　　从空间分异上看，上海各个时期的生态环境胁迫强度整体高于长三角其他城市。江苏城市的生态环境胁迫高于浙江。浙江的绍兴、舟山等小城市，生态环境胁迫程度高于杭州、宁波等发展较快的城市。

第6章 | 长三角城市群热环境演变与变化机制

　　随着全球城市化的快速发展，热岛效应已成为全世界共同关注的重要问题。它不仅危害自然生态系统的平衡，更会威胁人类的食物供应和居住环境。由于全世界范围内的城市规模不断扩大、人口不断向城市集中、人为热迅速增长、城市各类建筑快速增加等因素，城市热岛现象从一般的气象问题变成影响城市生态环境的一个重要因素。城市"热环境"的形成及变化机制是很多相关学科研究的热点问题。长三角城市群是我国土地城市化水平最高、城镇人口数量最大、经济总产值最高的地区，其城市化模式和人类活动非常复杂，区域热环境效应问题突出。"城市热环境"问题已不仅是城市自身面临的问题，是跨城市和整个区域面临的问题。因此，系统分析长三角城市群"热环境"的时空演变特征及驱动机制，对长三角区域生态环境的改善具有重要的意义。

　　本章以长三角城市群为研究区域，利用 SPOT-5、ALOS 高分辨率遥感影像数据和多年的 TM 遥感影像数据，辅以相关部门的统计数据和地质环境监测数据，从"城市群"和"城市"两个空间尺度上，定量反演分析长三角区域地表热环境的时空分布特征与变化，并揭示长三角地区"高温区"的空间分布模式及变化机制，为长三角城市群城市规划和发展方向提供一定的理论基础和科学依据。

6.1 城市热环境概述

6.1.1 城市热环境特征

　　热岛效应，是一个自 20 世纪 60 年代开始，在世界各地大城市所发现的一个地区性气候现象，是一个地区的气温高于周围地区的现象。中心的高温区就像突出海面的岛屿，所以就被形象地称为"热岛"。常见的是城市热岛效应，即城市气温高于郊区气温的现象。另外，还有非城市热岛效应，如青藏高原的热岛效应等。本研究关注的是城市热岛效应。城市热岛效应是城市气候最典型的特征之一，属于局地气候特征，受全球气候变化影响，由人为因素及当地地理条件共同决定，是城市化所导致的一个比较严重的环境问题。

造成城市热岛的原因有很多，是环境与人类活动相互作用的结果。总的来说，可分为可控因素和不可控因素两类。可控因素和不可控因素又可进一步分为暂时性影响因素（如云量、风速等）、长久性影响因素（如建筑材质、绿地面积等）和循环性影响因素（如太阳辐射、人为热源、冷暖气团等）。大部分的人为热源（如工厂能耗、汽车尾气排放等）将释放的热量全部融入周边的环境，而太阳辐射仅部分热量能够直接作用于环境，一部分热量被城市构筑物吸收后缓慢释放，间接作用于环境。基础的热量传输和能量守恒过程，如传导、对流、辐射等现象，在热交换中各自起着不同的作用。白天自然和人工地表构筑物，如墙体、广场、屋顶、湿地、绿地、路面等，能够持续不断地吸收并储存太阳辐射能量，夜间环境温度逐渐下降，储存在构筑物中的热量逐渐释放到外部环境中。城市构筑物释放热量的方式、速度、多少，取决于建筑材质等可控因素，高反照率的材质能够减少太阳辐射能量的吸收。此外，由于地表植被覆盖度相对较低而造成地表蒸腾散热能力的降低，也是造成城市热岛效应的主要原因。以上这些导致城市热岛的原因，究其根本都源于城市化的快速发展。

城市化是指一个地区的人口在城镇和城市相对集中的过程，也意味着城镇用地扩展、城市文化、城市生活方式和价值观在农村地域的扩散过程，主要体现在地表覆盖变化、城市人口大量迁移、废弃物排放等方面。城市化是诸多过程的综合体，其中城市建成区的扩张与空间分布能直观地反映城市化进程，决定着城市热岛效应的基本范围与外形轮廓；而城市中的人类活动以自身向城市聚集、改变城市下垫面、在生产生活过程中消耗能源、排放废气等方式，影响着城市热岛效应的强度及局部分布。城市建成区的扩张及其用地类型格局变化两方面，能同时反映城市化在物理上的直接表现及间接的人类活动驱动对热岛效应的影响，从而综合反映城市化进程引起的城市热环境的变化响应。

随着城市化进程的发展，城市群研究已成为地理学、城市规划、社会学的焦点问题。城市群的发展既是城市空间扩展的过程，也是各城市之间的相互作用不断增强的过程，主要在于其空间性和时间性的变化。各城市的所有要素在一定空间范围内处于分布和联结状态，研究单一城市的城市化进程已经不能合理解释其在空间和时间上的扩展状况，揭示城市系统的内在规律。本章旨在以长三角城市群为例，研究区域城市化状况及其对热岛效应的影响机制。

6.1.2 城市热环境研究进展

20世纪50年代航空遥感技术方法产生并得以利用，这在很大程度上帮助人们提升了对气温的观测和分析能力。Balling和Brazel（1988）利用AVHRR热红外数据，探索了美国菲尼克斯地区的地表辐射温度，发现该地区地表温度与土地覆盖类型相关性很高，在工业化程度较高的区域地表温度比非城区地表温度高5℃。Roth等（1989）利用AVHRR热红外数据对美国加利福尼亚州几个城市的城市热岛效应进行了分析研究。

国内外关于城市热岛的研究，主要集中在城市热岛形成机制及影响因子、演变的驱动机制、热岛效应与地表覆盖变化的定量关系等的研究。研究所采用的主要数据资料如下：

①地面气象站点的观测资料。主要研究长时间序列各种气温指标的变化趋势，同时利用城市站点和乡村站点的温度差来计算城市热岛强度。如程炳炎等（2004）对郑州市环境气候观测资料进行了分析，探索了市区环境温度的季节分布差异、不同性质的地面对温度的响应及热岛强度的时空变化特征。徐心馨等（2013）实测并收集了北京市气象站点的气象数据，研究了不同性质的下垫面对热岛效应的影响以及对人类舒适度的影响。②热红外遥感资料。用来反演地表温度，研究城市表面热岛，并发展了很多反演算法。其中，MODIS 和TM 的热红外波段使用最为普遍。如乔建民等（2012）以烟台龙口地区为研究区，利用TM 第六波段反演了地表温度，分析了不同土地利用类型地表温度的空间异质性。刘磊（2007）利用 MODIS 热红外波段反演了长江三角洲地区的地表温度数据，并进行了相关的热力学景观结构的分析。

由于气象站点分布不均匀，仅凭有限的站点很难得到完整的城市热岛的空间分布特征，对于研究热岛的内部结构很难起到作用（鲍文杰等，2010）。随着科学技术水平和社会经济的不断发展，各种卫星遥感资料、航空资料越来越多地应用到城市热岛的研究中。作为一种较高空间分辨率的"面状"资料，遥感和航空资料很好地补充了地面台站资料的不足之处，大大促进了城市热环境和城市热岛的研究（李海波，2012）。目前适用的较高分辨率的遥感资料有 Landsat TM/MSS 数据、SPOT 图像、NOAH 卫星数据以及 MODIS 数据等，这些遥感数据为研究城市热岛的空间分布结构提供了合适的方法，同时也为研究城市群的城市化发展与城市群热岛效应之间的关系提供了途径。

目前利用遥感资料反演地表温度的算法大致有以下四种：大气校正法、单窗算法、劈窗算法和多通道多角度算法。现今应用广泛的 MODIS 地表温度产品数据就是根据 MODIS由 Terra 星或 Aqua 星 31 和 32 热红外波段的数据通过劈窗算法反演得到的。延昊和邓莲堂（2004）利用 AVHRR 数据提取上海市地表温度、地表反照率和植被指数参数，探索了上海市冬、夏两季地表参数所对应的热岛效应变化。周红妹等（2001）以气象卫星 NOAA 为主要信息源，结合其他资料，利用 GIS 空间分析技术方法，对城市热力学景观结构分布特征和变化规律进行了监测分析。陈云浩等（2002）利用 TM6 波段数据反演地表温度，对比分析了上海市不同年份夏季城市热岛效应。

综上所述，虽然国内外学者从不同角度、应用不同方法对城市热环境开展了大量研究，但也还存在一系列问题需要继续深入研究。例如，地表温度数据分辨率相对较低，与通过遥感解译的城市土地利用/土地覆盖数据分辨率严重不匹配；使用遥感数据反演的地表温度数据，难以进行城市内部街道尺度的热力景观学研究；研究城市群尺度的城区扩张变化时，地表覆盖数据的遥感解译工作非常繁重，很难做到多时相且与地表温度数据时相相匹配；目前国内外关于热岛效应的研究，多数是对热岛效应的时空变化特征进行定量化分析，对其形成原因进行定性或半定量分析，而对区域大尺度（如城市群地区）热岛效应的形成机制的研究较少。

6.2 区域尺度热环境变化特征与机制

6.2.1 地表高温区的时空分布特征与变化

6.2.1.1 不透水地表信息的提取

不透水地表是影响城市热环境的重要因素。本研究使用面向对象的分类方法，应用中分辨率 TM 影像，结合归一化植被指数（NDVI）、归一化湿地指数（NDWI）等，对长三角地区 2000 年、2005 年与 2010 年不透水地表进行了反演提取，将不透水地表属性值设置为 1，其他属性值设置为 0。在栅格计算器中分别做 2010 年与 2005 年、2005 年与 2000 年减法运算，得到不透水地表变化结果。该结果属性值包括有 1、0、−1 三种属性值，1 表示增加的不透水地表区域，0 表示不变的不透水地表区域，−1 表示减少的不透水地表区域。

6.2.1.2 MODIS 地表温度数据的合成

MODIS 数据的波段范围非常广，包含 36 个波段，空间分辨率有 250m、500m、1000m 三个尺度。此数据对地球科学的综合研究具有较高的实用价值。MODIS 传感器搭载在 TERRA 和 AQUA 卫星上，这两颗卫星都属于太阳同步极地轨道卫星，AQUA 过境的地方时为下午，TERRA 过境的地方时为上午。本研究使用的 MODIS 地表温度合成数据为 TERRA 星数据，其分辨率为 1km（黎治华，2011）。合成方法为计算一季度天合成数据对应像元的平均值，地表温度反演公式为

$$\text{Value}_{\text{地表温度}} = \text{Value}_{\text{季度合成}} \times 0.02 - 273.15 \tag{6-1}$$

6.2.1.3 高温区的提取

应用 MODIS 遥感影像数据反演的地表热环境为地表温度，该指标与气温存在着非常好的线性相关。但在实际应用中往往会出现反常现象，比如受到冷空气、台风等的影响。因此，短时间段的 MODIS 数据反演的地表温度用在气温的研究上往往会出现较大的偏差。本研究采用基于年际变化的长时间序列数据反演地表温度。根据季节变化特征，将3~5月设为春季，6~8 月设为夏季，9~11 月设为秋季，12 月至翌年 2 月设为冬季。

根据已有的研究经验，为了控制时间差异对高温区提取的影响，一般会对遥感影像反演的地表温度结果进行归一化处理，再使用密度分割的方法划分温度区间，进而比较不同区间内的温度变化范围。虽然这种方法能够在一定程度上控制时间差异的影响，但在进行密度分割时不易找到同时适合于几幅遥感影像的最佳阈值。为解决此问题，本研究采用基于稳健统计的方法对几幅影像分别选取高温区的最佳阈值（张金区，2006）。稳健统计方法是数理统计学的一个方面，研究当总体假定稍有变动及记录数据有失误时，统计方法的

适应性问题（薛丹等，2013）。一种统计方法在实际应用中要有良好的表现，需要两个条件：一是该方法所依据的条件与实际问题中的条件相符；二是样本是随机的，不包含过失误差，如记录错误等。但实际应用中这些条件很难严格满足，比如，原来在提出该方法时是依据总体分布为正态分布的假定，但实际问题中总体的分布与正态略有偏离；或在大量的观测数据中存在受到过失误差影响的"异常数据"等。如果在这种情况下，所用统计方法的性能仅受到少许影响，就称它具有稳健性。地表温度一般呈正态分布，在此过程中，首先计算出整个区域的地表温度的标准差和平均值。将高温区的阈值范围设为

$$T_s > (a + S_d) \tag{6-2}$$

式中，T_s 为地表温度；a 为地表温度的平均值；S_d 为地表温度的标准差。

由式（6-2）所设阈值划定长三角城市群春、夏、秋、冬四个季节的地表高温区。四个季节的高温区信息分别见表 6-1 ~ 表 6-4。分布图见图 6-1 ~ 图 6-12。

表 6-1　春季高温区信息

年份	平均温度/℃	标准差	高温区阈值/℃	面积/万 km²
2000	20.00	2.14	22.14	1.28
2005	24.25	2.59	26.84	1.28
2010	18.39	2.47	20.87	1.43

表 6-2　夏季高温区信息

年份	平均温度/℃	标准差	高温区阈值/℃	面积/万 km²
2000	28.58	2.02	30.60	1.09
2005	32.15	3.20	35.35	1.27
2010	29.40	3.26	32.67	1.24

表 6-3　秋季高温区信息

年份	平均温度/℃	标准差	高温区阈值/℃	面积/万 km²
2000	24.52	1.78	26.31	1.33
2005	22.30	1.65	23.95	1.30
2010	21.97	1.84	23.82	1.38

表 6-4　冬季高温区信息

年份	平均温度/℃	标准差	高温区阈值/℃	面积/万 km²
2000	7.87	1.86	9.73	1.58
2005	7.31	1.73	9.04	1.30
2010	7.38	1.44	8.81	1.13

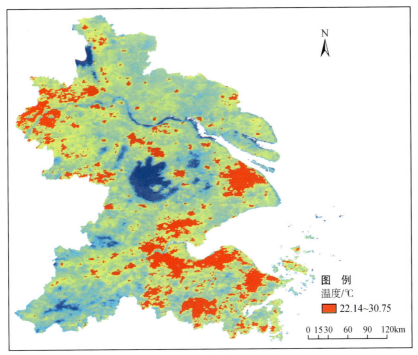

图 6-1 2000 年春季高温区

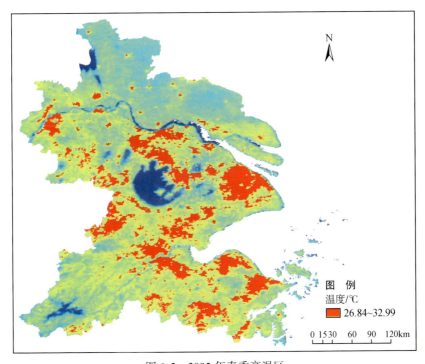

图 6-2 2005 年春季高温区

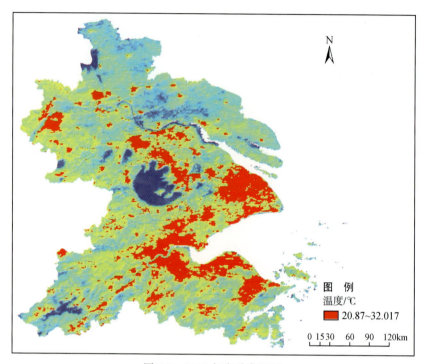

图 6-3　2010 年春季高温区

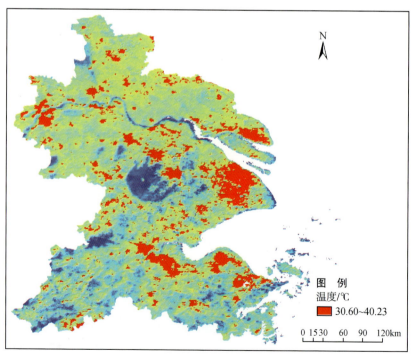

图 6-4　2000 年夏季高温区

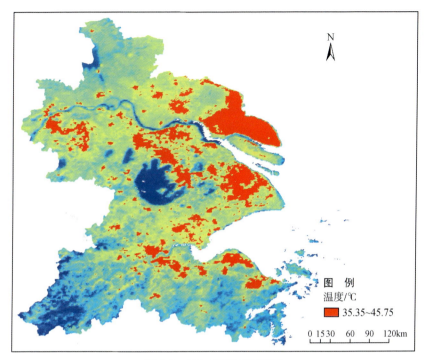

图 6-5　2005 年夏季高温区

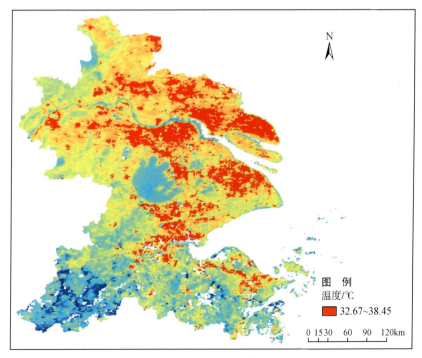

图 6-6　2010 年夏季高温区

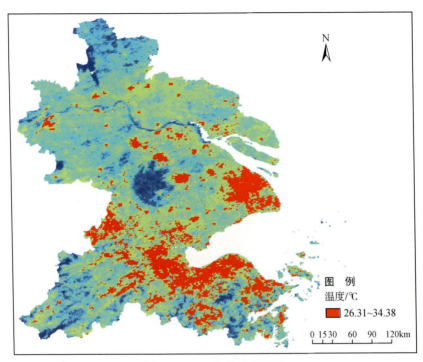

图 6-7　2000 年秋季高温区

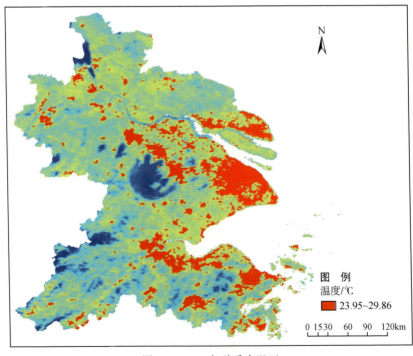

图 6-8　2005 年秋季高温区

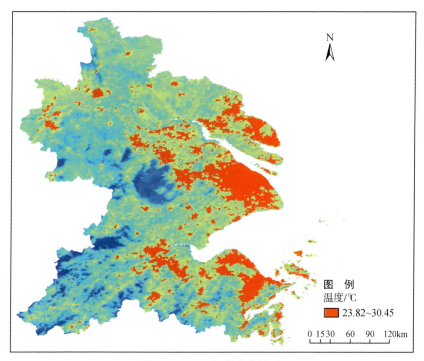

图 6-9 2010 年秋季高温区

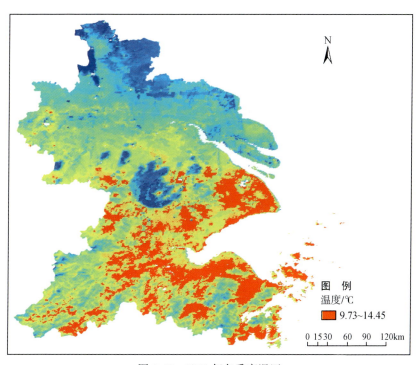

图 6-10 2000 年冬季高温区

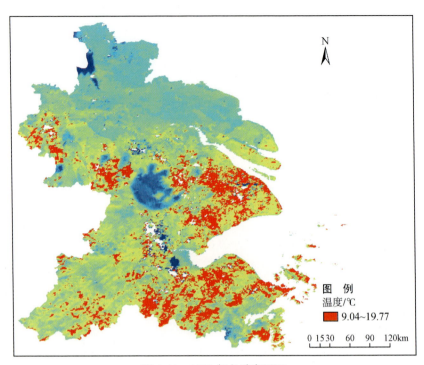

图 6-11 2005 年冬季高温区

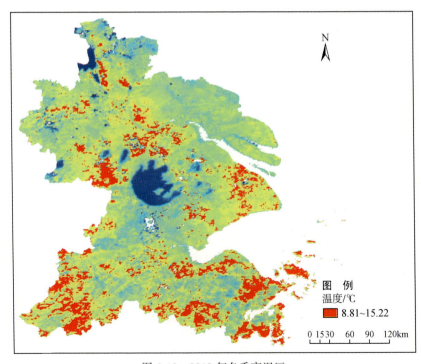

图 6-12 2010 年冬季高温区

6.2.1.4　高温区的空间相关性分析

地理学第一定律指出：所有事物之间都是互相联系的，离得越近彼此之间的联系性就越强。经典的统计学方法是建立在独立样本和大数据量基础之上的。由于一般地理数据在空间上具有相互依赖性，随距离和时间的变化而改变，且数量有限，往往这两个条件都不能满足，而空间自相关分析方法很好地解决了这一问题。

空间自相关分析是探索空间中某一位置的观察值与其相邻位置的观察值是否具有相关性及其相关程度的一种数据分析方法。地理实体在空间上的相关性一般有正相关、负相关、不相关三种情况，其自相关程度由空间自相关指数的具体数值来具体体现。正相关是指区域空间内相距较近的地理实体的属性值的相似程度比相距较远的地理实体的属性值相似程度高，即地理实体间相互促进。负相关是指区域空间内相距较近的地理实体的属性值的相似程度比相距较远的地理实体的属性值相似程度低，即地理实体间相互具有排斥性。不相关是指区域空间内地理实体的该属性呈随机分布，即地理实体间的相互影响程度不大。空间自相关可分为全局自相关和局部自相关。全局自相关是对地理实体在整个研究区域的相关性进行评价。局部自相关用来评价以每个地理单元为中心的局部区域的离散或者聚集效应。空间自相关的指数有很多种，如 Getis-Ord G 指数、Geary's c 指数、Moran's I 指数等。本研究主要对高温区进行全局自相关分析，使用 Moran's I 指数（刘涛等，2012）。

Moran's I 指数的计算公式为

$$I = \frac{\sum\limits_{i=1}^{n}\sum\limits_{j=1}^{n} W_{ij}(X_i - \bar{x})(X_j - \bar{x})}{\sum\limits_{i=1}^{n}\sum\limits_{j=1}^{n} W_{ij}\frac{1}{n}\sum\limits_{i=1}^{n}(X_i - \bar{x})^2} \qquad (i \neq j) \tag{6-3}$$

式中，X_i 为第 i 个单元的观测值；$\bar{x}$ 为整个研究区域内的观测值的平均值；W_{ij} 为空间权重矩阵，表示区域 i 和区域 j 的邻近关系，可以根据距离标准或者邻接标准来度量。

距离标准矩阵的表达式如下：

$$W_{ij} = \begin{cases} 1 & \text{空间单元 } i、j \text{ 之间的距离小于等于指定距离} \\ 0 & \text{空间单元 } i、j \text{ 之间的距离大于指定距离} \end{cases}$$

邻接标准矩阵的表达式如下：

$$W_{ij} = \begin{cases} 1 & \text{第 } i \text{ 个空间单元与第 } j \text{ 个空间单元相邻} \\ 0 & \text{第 } i \text{ 个空间单元与第 } j \text{ 个空间单元不相邻} \end{cases}$$

Moran's I 指数的取值范围为 $[-1, 1]$。若 $I < 0$，表示地理实体之间呈负相关；若 $I = 0$，表示地理实体之间不相关；若 $I > 0$，表示地理实体之间呈正相关。I 的绝对值越接近于 1，表示地理实体之间的相关性越强。I 的绝对值越接近于 0，表示地理实体之间的相关性越弱。计算出 Moran's I 指数后，还需对其进行检验，本研究采用 Z 检验，公式为

$$Z = \frac{I - E[I]}{\sqrt{Var[I]}} \tag{6-4}$$

式中，$E[I]$ 为在假设地理单元完全随机的情况下，空间 Moran's I 指数的理论均值；$Var[I]$

为在假设地理单元完全随机的情况下，空间 Moran's I 指数的理论标准差。

如表 6-5 所示：高温区的全局 Moran's I 指数值都为正且都在 0.9 以上，检验结果均在 1% 水平上显著，表明高温区在空间上具有极强的依赖性，呈聚合的分布状态，空间地域分异非常明显。

表 6-5　高温区全局自相关指数

季节	年份	Moran's I 值	Z 值
春	2000	0.993 07	49.491 586
	2005	0.970 937	62.798 782
	2010	0.970 969	72.145 657
夏	2000	0.993	38.185 62
	2005	0.978 357	36.519 016
	2010	0.983 747	75.789 104
秋	2000	0.942 72	86.190 833
	2005	0.989 464	42.065 452
	2010	0.962 789	69.670 953
冬	2000	0.931 6	88.469 252
	2005	0.980 391	129.808 275
	2010	0.962 789	69.670 953

6.2.1.5　高温区的分布模式及变化

由高温区分布图可得到如下结果。

上海、苏州、无锡、常州、南京、杭州、宁波为 7 个常规高温区，在每个季度均呈现高温。其中，上海高温区面积最大，杭州次之。形成了沿长江发展的南京—苏锡常—上海发展廊道和沿上海—杭州—宁波发展廊道，上海位于长江入海口位置，既沿海又沿江，是一个拐点。这 7 个常规高温区呈"Z"形排列。

长三角地区春季，2000～2005 年高温区面积变化不大，2005～2010 年高温区的面积迅速增长，增长的地区主要集中在长江以南沿海部分，其聚集度增高，长江以北地区高温区面积反而呈下降趋势。高温区呈现出明显的南移现象。2005 年除了常规的 7 个高温区外，位于太湖西南地区的湖州市城区也出现了大面积的高温区，将南京、常州、无锡、杭州连成一片，整个的高温区呈"山"字形分布。

长三角地区夏季，整个时间段的高温区分布比较破碎，聚集度比较低。高温区的面积呈先增加后降低的趋势，2005 年高温区的面积最大。2010 年温度分布较为平均，高温区比较破碎，表明热岛效应已经降低。高温区呈现出明显的北移现象。除了常规的 7 个高温区外，南通市、泰州市在夏季也出现了大面积的高温区，在长江北岸与南京市连成一片，整个高温区呈"M"形分布。

长三角地区秋季，高温区的分布由沿海向内陆逐渐减少，高温区呈现出明显的北移现象。长江北岸的南通市逐渐发展成为高温区。湖州市在 2000 年出现大面积的高温区，2005 年和 2010 年该地区的高温区消失。上海市的高温区面积逐年迅速扩大。2000～2010年整体的高温区面积呈先降低后增加的趋势。高温区主要在原有高温区的基础上扩大，出现北移现象。由于 2000～2010 年，湖州市高温区的迅速消失和南通市高温区的迅速形成，整个地区的高温区呈由"Z"形到"M"形的过渡。

长三角地区冬季，高温区的面积呈明显的下降趋势，减少的部分主要集中在长江以南沿海部分，长江以北地区的高温区反而呈增长趋势，高温区在冬季出现了明显的北移现象。2000 年，湖州出现了大面积的高温区，南京、苏州、无锡、常州地区的高温区面积相对很小，而 2005 年和 2010 年，湖州的高温区消失，南京、苏州、无锡、常州地区的高温区面积迅速增加，并延伸到了扬州、泰州。高温区的面积呈现出由"L"形到"Z"形的过渡。

总的来说，长三角 15 个城市均表现为热源中心，上海、杭州、南京为 3 个较大的热源中心。这 3 个城市也是长三角城市群扩张的核心城市。其中，以上海地区为最大、最明显的热源中心。城市地区为人类活动的中心，不可避免地会释放出大量热，加上不透水地表对太阳热辐射的大量吸收，因而成为热源。由统计数据可知春、夏、秋、冬 4 个季节的高温区差别不大，春季高温区面积相对较大，夏季高温区面积相对较小。夏、秋季节长江南北岸高温区的差别不大，冬、春季节长江北岸的高温区面积要明显高于长江南岸。这是因为植被对地表温度有影响，大面积的植被覆盖对地表温度的降低具有明显的作用。冬、春季节，由于长江以北地区温度较低，植被凋零枯萎，长江以南地区植被依然茂密，造成了长江南北岸的高温区差异。夏、秋季节，长江北岸植被逐渐茂盛起来，长江南北岸的差异得到改善。湿地具有明显的降温作用，春、夏、秋、冬 4 个季节湿地区域都表现出明显的低温。高温区在 2000～2010 年除春季南移外，均出现了不同程度的北移现象，夏、冬季节尤为突出。其变化区域主要有 3 条廊道，分别为长江北岸南通—泰州—扬州—镇江—南京，长江南岸南京—常州—无锡—苏州—上海，沿海岸线上海—嘉兴—杭州—绍兴—宁波。高温区的分布形状由"L"形过渡到"Z"形再过渡到"M"形，最后有向"区"字形发展的趋势。

6.2.2 地表高温区的影响机制

6.2.2.1 地表温度的阈值划分

图像的阈值划分就是把图像空间划分成若干个具有某些一致性属性的不重叠区域并提取出感兴趣目标的技术和过程，建立在区域的相似性和非连续性这两个概念上。大部分学者采用建立渔网模型对地表温度数据和土地利用数据进行分割来研究它们之间的关系，由于渔网模型存在不能较好地反映高温区和土地利用类型的边界且较为破碎不利于进行大尺度地区研究的弊端，本研究采用多尺度分割的方法对长三角区域地表温度数据进行阈值划分。长三角地区高温区和低温区都呈现出高度的聚合状态分布，满足此分割方法的条件（范磊等，2010）。

本研究所采用的大尺度分割的技术是在 eCognition8.0 软件中多尺度分割模块下实现的。该软件是目前较为前沿的面向对象的遥感影像处理软件，应用非常广泛。多尺度分割是一种从单个像元开始的区域合并技术，即自下而上的分割方法。其过程为标定一个像元或者对象作为目标后，根据同质性标准和异质性标准与其相邻接的像元进行合并。合并的判断准则为如果所有的异质性参数的总和没有超过分割尺度的平方则合并，否则，停止合并。影像对象的异质性主要考虑光谱特征和形状特征，所以区域异质性 F 包括光谱异质性和形状异质性，其定义公式如下：

$$F = W_{color} \times h_{color} + (1 - W_{color}) \times h_{shape} \tag{6-5}$$

式中，W_{color} 为光谱信息权重；$1-W_{color}$ 为形状信息权重；h_{color} 为光谱异质性值；h_{shape} 为形状异质性值。W_{color} 由用户自定义产生。

光谱异质性表示对象内部各像素之间的光谱差异性，它是通过对象各个波段光谱值标准差的加权求和来表示的，其公式为

$$h_{color} = \sum_{i=1}^{n} W_i \times \sigma_i \tag{6-6}$$

式中，W_i 为遥感影像第 i 波段光谱的权重；σ_i 为遥感影像中第 i 波段光谱的标准差。

形状异质性表示对象内部形状的差异性，它通过紧致度和光滑度共同描述，见式（6-7）。对象的紧致度是通过对象的饱满程度来描述的，即接近正方形和圆形的程度。对象的破碎度用来描述对象边界的破碎程度。

$$h_{shape} = w_{compact} \times h_{compact} + (1 - w_{compact}) \times h_{smooth} \tag{6-7}$$

式中，$w_{compact}$ 为紧致度的权重；$h_{compact}$ 为紧致度；h_{smooth} 为光滑度。

紧致度 $h_{compact}$ 和光滑度 h_{smooth} 的计算公式为

$$h_{compact} = n_{merge} \times \frac{l_{merge}}{\sqrt{n_{merge}}} - \left(n_{obj1} \times \frac{l_{obj1}}{\sqrt{n_{merge}}} + n_{obj2} \times \frac{l_{obj2}}{\sqrt{n_{merge}}} \right)$$

$$h_{smooth} = n_{merge} \times \frac{l_{merge}}{b_{merge}} - \left(n_{obj1} \times \frac{l_{obj1}}{b_{obj1}} + n_{obj2} \times \frac{l_{obj2}}{b_{obj2}} \right) \tag{6-8}$$

式中，n 为组成对象的像元的个数；l 为多边形的周长；b 为多边形外切矩形的面积。

采用 eCognition8.0 软件进行多尺度分割的过程中，需要设置分割尺度参数以及在此过程中各波段波谱特征、形状信息、紧致度所占的权重。设置参数时要尽量增大各波段波谱特征所占的权重，因为光谱信息最为重要。形状因子有利于保持多边形对象的完整性，光滑度有利于保持多边形对象边缘的平滑。对于边界粗糙且本身紧致度较高的对象，可适当增大光滑度的值（王少华，2011）。

长三角城市群的热岛效应在秋季最明显，因此在研究高温区与土地利用类型的关系时，可选取秋季的地表温度作为研究对象。图 6-13 ~ 图 6-15 为长三角区域 2000 年、2005年、2010 年地表温度阈值划分图。

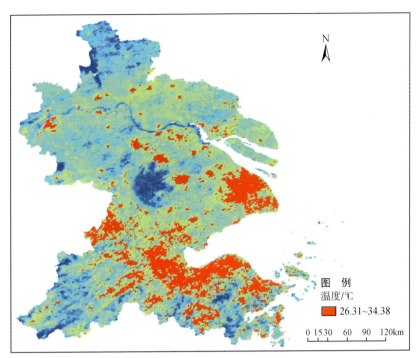

图 6-13 2000 年秋季地表温度阈值划分图

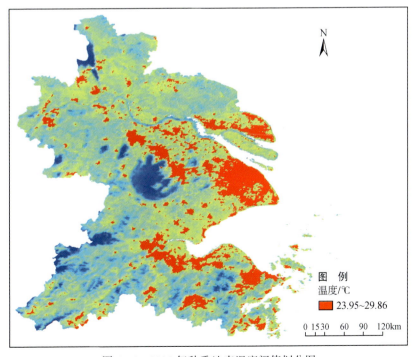

图 6-14 2005 年秋季地表温度阈值划分图

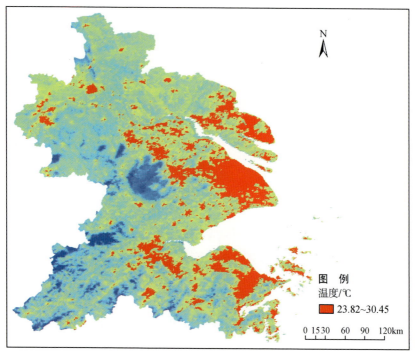

图 6-15　2010 年秋季地表温度阈值划分图

6.2.2.2　地表温度与不透水地表的相关关系

为了具体研究不透水地表与地表温度之间的相关性，本研究采用地表温度的阈值划分结果，分别裁切 2000 年、2005 年、2010 年不透水地表数据，结合 ArcGIS10.1 中分区统计模块，计算出不同斑块内不透水地表面积占斑块总面积的比例。利用统计回归的方法得到如图 6-16 ~ 图 6-18 所示的散点图。

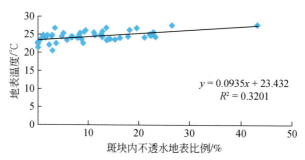

图 6-16　2000 年地表温度与不透水地表比例散点图

模拟得到其相关关系函数，分别为

$$2000 \text{ 年：} Y = 0.0935X + 23.432 \quad R^2 = 0.3201 \tag{6-9}$$

$$2005 \text{ 年：} Y = 0.0958X + 20.73 \quad R^2 = 0.564 \tag{6-10}$$

$$2010 \text{ 年：} Y = 0.1002X + 19.719 \quad R^2 = 0.6808 \tag{6-11}$$

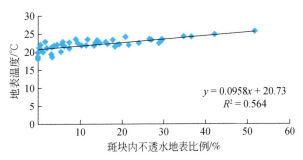

图 6-17　2005 年地表温度与不透水地表比例散点图

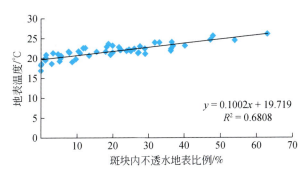

图 6-18　2010 年地表温度与不透水地表比例散点图

式中，Y 为斑块内的平均温度；X 为斑块内不透水地表面积所占斑块面积比例；R^2 为相关系数的平方，在 α 为 0.01 的置信度水平上相关性显著。

由式（6-9）、式（6-10）和式（6-11）可以得到，各年份斑块内平均温度与斑块内不透水地表面积均高度自相关，且相关系数逐年增大。说明在城市群尺度内不透水地表的面积对地表温度起到显著的促进作用，且促进作用的程度逐年增大。

6.2.3　小结

本章使用 MODIS 天数据合成了 MODIS 季度数据，并反演出了 2000 年、2005 年、2010 年 3 个时间节点，春、夏、秋、冬 4 个季节的地表温度数据，并利用稳健统计方法，提取出了高温区并分析了其时空分布模式。长三角城市群尺度高温区的相关性非常强，聚集度很高，形成了 3 条发展廊道，分别为沿长江北岸的发展廊道、沿长江南岸的发展廊道、沿海岸线的发展廊道。高温区的分布形状由 "L" 形过渡到 "Z" 形再过渡到 "M" 形，最后有向 "区" 字形转变的趋势。

利用 eCognition8.0 遥感图像处理软件，将 2000 年、2005 年、2010 年三期秋季的地表温度数据进行大尺度分割，即进行阈值划分。进而探索了不透水地表与地表温度的相关关系。结果表明，不透水地表与地表温度具有很强的相关关系，且相关性逐年加强。这是因为不透水地表能吸收大量的太阳辐射能量，使地表温度升高，并促使近地面的空气温度升高，且不透水地表面积大，可以尽可能多地吸收太阳辐射，是气温升高的重要原因，相关性很强。随着不透水地表面积的增加，势必会侵吞一些可以抑制地表温度升高的土地覆盖类型，如植被、湿地等，所以随着不透水地表面积的增加，其与地表温度的相关性会越来越强。

6.3 城市尺度热环境变化特征与机制

6.3.1 热岛效应的时空分布特征与变化

6.3.1.1 地表温度的区域分配

热岛指的是城市化进程中城区温度高于城区以外温度的现象，一般用热岛强度来衡量。热岛强度为城区与郊区的温度差。在城市化的进程中城区没有一个特定的边界，且处于动态变化中，这就给定义热岛强度带来了一定的困难。有的研究者利用均值标准差法将地表温度划分成多个等级，把温度较高等级的区域作为热岛区，较低等级的区域作为郊区，进而作为差值计算热岛强度。有的学者将地表温度数据直接划分为多个等间距的区间，利用较高温度的区间和温度的差值作为热岛强度。这些方法都只是基于地表温度本身考虑，没有涉及城区和郊区边界，因此存在着一定的弊端。有的学者利用城区气象站点温度与郊区气象站点温度作为差值来表示热岛强度，但是这种基于气象站点差值的方法很难真实地反映地表温度的分布状况。本研究利用不透水地表信息数据来确定城区和郊区来计算温度差，这种方法能较真实地反映城区与郊区地表温度的分布状况。

热岛效应不受行政边界的限制，在之前的绝大部分研究中，为了计算热岛强度，往往利用行政边界来计算郊区的平均温度，这种做法存在不能准确划分高温区影响范围的缺陷。本研究采用区域分配的方法来确定高温区的影响范围。区域分配是指通过分配函数将所有栅格单元分配给离其最近的源的方法，本研究使用欧式区域分配。在网格数据中，欧式距离为网格单元中心到最近源的几何距离。其过程为首先计算出每个网格单元到所有源的欧式距离，进而选取欧式距离最小的一个源，将其分配到该区域。本研究将长三角地区14个城市（舟山除外）的主城区视为源进行区域分配。其结果如图6-19、图6-20所示。

由图6-19、图6-20可以直观看出，使用欧式区域分配的方法比使用行政边界的划分方法有明显的优势。比如，无锡市西北地区受本市的影响已经很弱，在很大程度上受到常州市城区的影响，在使用行政边界进行区域划分时，将其归为无锡市的影响范围，而使用欧式区域分配的方法，将其归为常州市的影响范围。

6.3.1.2 热岛强度的时空分布特征与变化

（1）热岛效应的计算

热岛强度为城区和郊区的温度差，本研究在计算热岛强度时，城区温度为所提取的城区边界内的平均温度，郊区温度为所提取的非城区范围内的平均温度。热岛强度的计算公

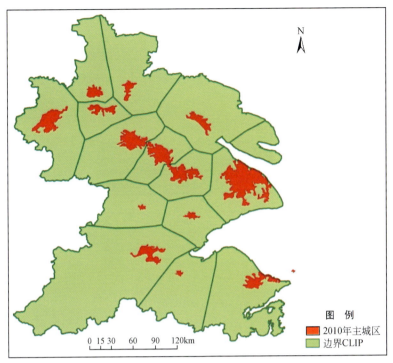

图 6-19　区域分配

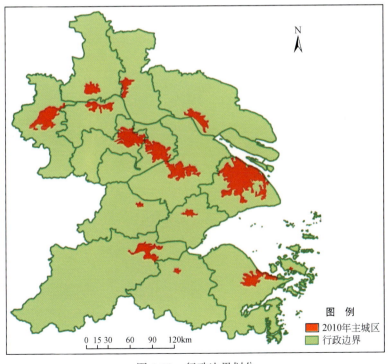

图 6-20　行政边界划分

式如下：

$$\text{UHI} = H_{城} - H_{郊} \tag{6-12}$$

式中，UHI 为热岛强度指数；$H_{城}$ 为城区平均温度；$H_{郊}$ 为郊区平均温度。

2000 年、2005 年、2010 年城市群尺度热岛强度的计算结果如图 6-21～图 6-24 所示。

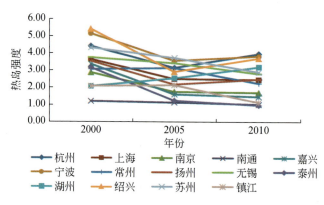

图 6-21　2000～2010 年热岛强度

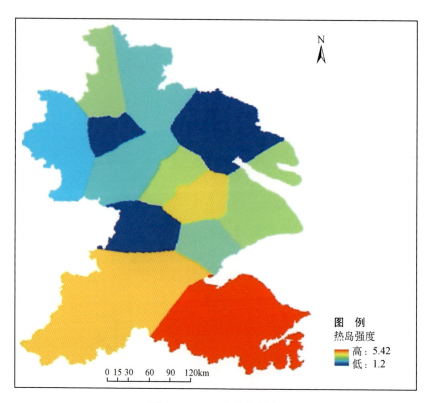

图 6-22　2000 年热岛强度

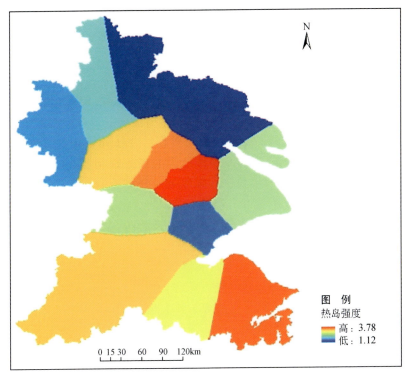

图 6-23 2005 年热岛强度

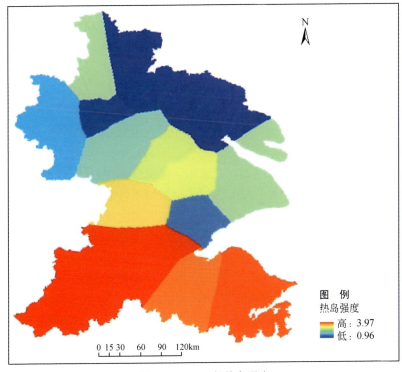

图 6-24 2010 年热岛强度

（2）热岛效应的时空相关性分析

由图 6-21~图 6-24 可以看出，长三角城市群热岛强度的空间相关性较弱，大体上由沿海地区到内陆地区、由低纬度到高纬度降低。可见，纬度和海陆位置对热岛强度有一定的影响。长江北岸南通市—泰州市—扬州市—南京市发展廊道，在 2000~2010 年均表现出较低的热岛强度。2000 年该地区的热岛强度相对最高，2005 年相对最低。长江南岸南京市—常州市—无锡市—苏州市—上海市发展廊道热岛强度值基本上处于中间水平。2000 年该地区的热岛效应强度相对最低，2005 年相对较高。沿海岸线的杭州市—绍兴市—宁波市发展廊道热岛效应强度相对最高。2005 年该地区的热岛效应强度相对最低，2010 年该地区的热岛效应强度相对最高。十年间热岛强度处于持续下降趋势的为上海、苏州、无锡、南京、嘉兴、泰州、南通 7 个城市。苏州、无锡的变化趋势相对一致，先缓慢下降后迅速下降，这两座城市在空间上也是相邻的，属于长江南岸的城市发展廊道。上海、南京、泰州、嘉兴的变化趋势相对一致，先迅速下降后缓慢下降。上海、嘉兴两个城市在地缘关系上是相邻的，属于沿海岸线的城市发展廊道。南通市由于城区面积较小且深入海洋，因此变化趋势一直较缓慢。热岛强度先下降后上升的有绍兴、宁波、杭州、扬州 4 个城市。其中杭州、绍兴、宁波 3 个城市在地缘关系上是相邻的，属于沿海岸线的城市发展廊道。热岛强度先上升后下降的有常州、镇江两个城市，它们在空间上也是相邻的，属于长江南岸的发展廊道。而湖州市呈现持续上升，它的地缘关系与其他城市相对较远，属于环太湖的城市发展廊道。

经计算得到热岛效应的全局自相关指数 Moran's I，见表 6-6。

表 6-6　热岛强度全局自相关指数

年份	Moran's I 值	Z 值
2000	0.39	2.24
2005	0.02	0.43
2010	0.42	2.32

由表 6-6 可得热岛强度的相关性先降低后增加，其相关性指数比地表温度要小得多，说明在城市尺度热岛效应相对独立发展，与地表温度的相关性不大。

为了分析热岛效应聚集或离散的地区，使用了局部自相关的方法。局部自相关是相对于全局自相关而言的。全局自相关的检验前提是区域均质性假设，但在现实中更多的是异质性。换言之，全局上高度自相关并不代表着局部地区也会出现高度自相关。局部自相关通过比较观测值和相邻值与全局的关系，来测度以每个地理单元为中心的一小片区域的聚集或离散效应（陈雅淑，2009）。

最常用的局部自相关指数为 Local Moran's I，它是由全局自相关指数 Moran's I 发展而来的。所有的 Local Moran's I 之和为 Moran's I，HH 表示某市域内自身的热岛强度和周边的市域内的热岛强度值都比较高，呈正相关；LL 表示某市域内自身的热岛强度和周边的市域的热岛强度值都比较低，呈正相关；HL 表示某市域内自身的热岛强度比周边的市域的热岛强度值高，呈负相关；LH 表示某市域内自身的热岛强度比周边的市域的热岛强度值低，呈负相关，剩余的为随机分布的区域（张松林和张昆，2007）。其结果如图 6-25~图 6-27 所示。

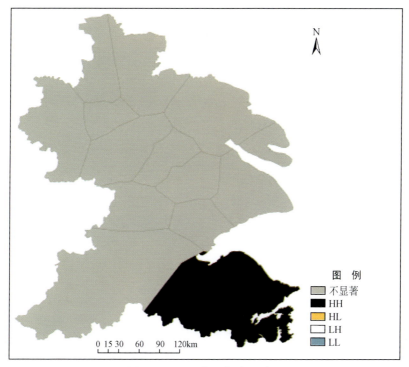

图 6-25　2000 年局部自相关图

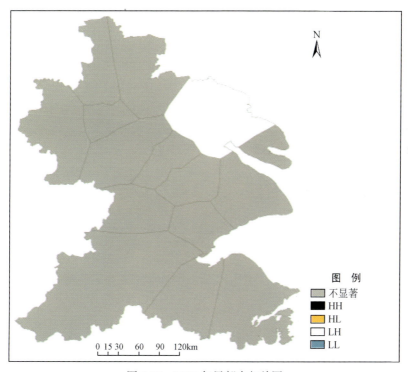

图 6-26　2005 年局部自相关图

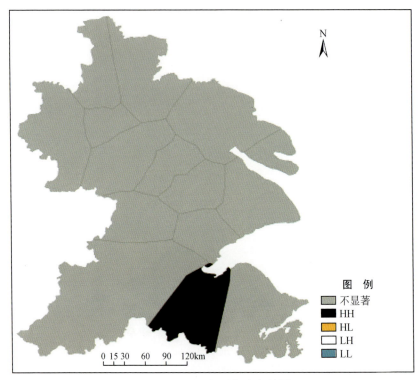

图 6-27 2010 年局部自相关图

由图 6-25 ~ 图 6-27 所示结果可以得到：2000 年热岛强度较高的地区集中在绍兴、宁波周围，其他地方相关性不明显；2005 年热岛效应较低的地区集中在南通市周围，其他地方相关性不明显；2010 年热岛效应较高的地区集中在绍兴市附近，其他地方相关性不明显。这是因为绍兴市、宁波市郊区植被茂盛、湿地密布，对气温的抑制作用显著，造成了较大的城郊温度差。南通市郊区分布着大量的盐碱地，植被稀少，盐碱地对太阳热辐射的吸收与不透水地表相差无几，故城郊温度差较小。

6.3.2 热岛效应的影响机制

6.3.2.1 土地城市化对热岛效应的影响

为了研究城市尺度不透水地表与热岛效应之间的相关关系，本研究利用依据主城区将长三角地区进行区域分配的结果，计算对应城区斑块内不同时间点不透水地表的面积比例。利用统计回归的方法得到散点图（图 6-28 ~ 图 6-30），模拟其相关关系函数。

相关关系函数如下。

$$2000 \text{ 年：} Y = - 9.6307X + 4.9618 \quad R^2 = 0.1845 \qquad (6\text{-}13)$$

$$2005 \text{ 年：} Y = - 3.3086X + 3.076 \quad R^2 = 0.0578 \qquad (6\text{-}14)$$

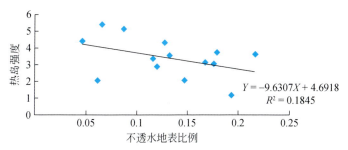

图 6-28　2000 年不透水地表与热岛强度回归分析图

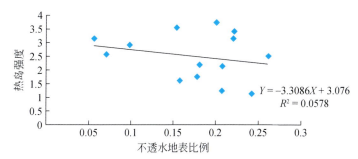

图 6-29　2005 年不透水地表与热岛强度回归分析图

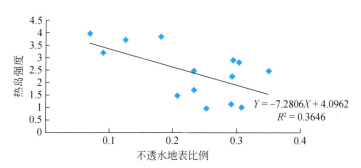

图 6-30　2010 年不透水地表与热岛强度回归分析图

$$2010 \text{ 年：} Y = -7.2806X + 4.0962 \quad R^2 = 0.3646 \qquad (6\text{-}15)$$

式中，Y 为城区范围内热岛强度；X 为城区范围内不透水地表的比例；R^2 为相关系数的平方，在 α 为 0.01 的置信度水平上相关性显著。

由式（6-13）~式（6-15）可以得到：2000 年、2005 年、2010 年长三角城市尺度热岛强度与不透水地表面积呈负相关，相关性先减小后增大。这与一般认为的城区范围越大即不透水地表面积越大，热岛效应越强的观点严重不符。在城市群尺度，地表温度与不透水地表面积呈高度正相关，但是在城市尺度不透水地表面积与热岛强度呈负相关，可能因为长三角地区城市化已经达到了很高的水平，城区扩张的方式绝大部分为外延式扩张，增大的城区面积已经影响到郊区的温度，造成郊区的温度升高，致使城区与郊区的温度差减小，故城市尺度热岛强度与不透水地表面积呈负相关。

6.3.2.2　经济城市化对热岛效应的影响

为了研究城市尺度生产总值以及第一产业 GDP、第二产业 GDP、第三产业 GDP 与热岛效应之间的相关关系，本研究利用依据主城区将长三角地区进行区域分配的结果，计算对应城区斑块内不同时间点的 GDP、第一产业 GDP 比重、第二产业 GDP 比重、第三产业 GDP 比重。利用统计回归的方法得到散点图，并模拟其相关关系函数。

1）不同城市 GDP 与热岛强度的关系如图 6-31 ~ 图 6-33 所示。

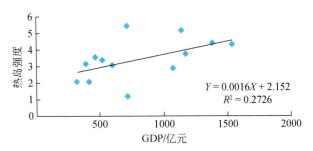

图 6-31　2000 年 GDP 与热岛强度回归分析图

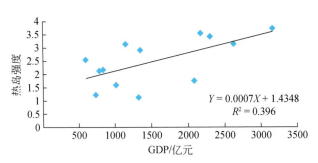

图 6-32　2005 年 GDP 与热岛强度回归分析图

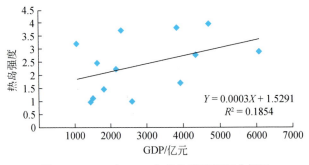

图 6-33　2010 年 GDP 与热岛强度回归分析图

相关关系函数如下。

$$2000 \ 年：Y = 0.0016X + 2.152 \quad R^2 = 0.2726 \qquad (6\text{-}16)$$
$$2005 \ 年：Y = 0.0007X + 1.4348 \quad R^2 = 0.396 \qquad (6\text{-}17)$$
$$2010 \ 年：Y = 0.0003X + 1.5291 \quad R^2 = 0.1854 \qquad (6\text{-}18)$$

式中，Y 为城区范围内热岛强度；X 为城区范围内 GDP 的值；R^2 为相关系数的平方，在 α 为 0.01 的置信度水平上相关性显著。

由式（6-16）~式（6-18）可以得到：2000 年、2005 年、2010 年长三角城市尺度热岛强度与 GDP 呈正相关，相关性先增大后减小。这表明，长三角城市群城市尺度 GDP 对热岛效应有促进作用，在一定范围内其促进作用会越来越强，超过一定的阈值后促进作用会减弱。上海市 GDP 是湖州市 GDP 的 15 倍左右，而其热岛强度相差不大，则证明了这一点。这是因为生产活动过程中，不可避免地会放出大量的热，成为热源，促进地表温度的升高，但是随着生产水平的提高，单位 GDP 需要的人力会减少，同时会拿出一部分资金治理污染和热源，所以在 GDP 达到一定程度后，其对地表温度的促进作用会减弱。

2）不同城市第一产业 GDP 与热岛强度的关系如图 6-34 ~ 图 6-36 所示。

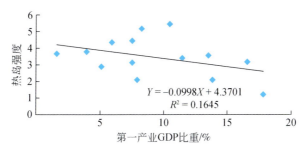

图 6-34　2000 年第一产业 GDP 与热岛强度回归分析图

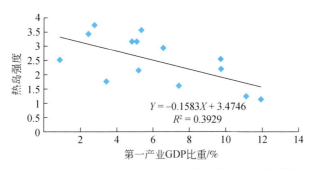

图 6-35　2005 年第一产业 GDP 与热岛强度回归分析图

相关关系函数如下。

$$2000 \ 年：Y = -0.0998X + 4.3701 \quad R^2 = 0.1645 \qquad (6\text{-}19)$$
$$2005 \ 年：Y = -0.1583X + 3.4746 \quad R^2 = 0.3929 \qquad (6\text{-}20)$$
$$2010 \ 年：Y = -0.1341X + 2.9595 \quad R^2 = 0.0793 \qquad (6\text{-}21)$$

式中，Y 为城区范围内热岛强度；X 为城区范围内第一产业 GDP 比重；R^2 为相关系数的平方，在 α 为 0.01 的置信度水平上相关性显著。

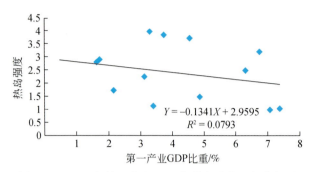

图 6-36　2010 年第一产业 GDP 与热岛强度回归分析图

由式（6-19）～式（6-21）可以得到：2000 年、2005 年、2010 年长三角城市尺度热岛强度与第一产业 GDP 比重呈负相关，相关性先增大后减小。这表明：长三角城市群城市尺度第一产业 GDP 对热岛效应有抑制作用，在一定范围内其抑制作用会越来越强，超过一定的阈值后促进作用会减弱。南通市第一产业 GDP 比重是上海市第一产业 GDP 比重的 11 倍左右，而其热岛强度相差不大，则证明了这一点。究其原因，第一产业为农业，在农业生产的过程中会出现大面积的植被、湿地等，这些地表覆盖类型会对地表温度起到抑制作用。但是，随着农业生产技术水平的提高，其需要的湿地会相对变少，以及出现一些温室、塑料大棚等促进地表温度提升的地表覆盖类型，所以在超过一定阈值后，其抑制作用会减弱。

3）不同城市第二产业 GDP 与热岛强度的关系如图 6-37～图 6-39 所示。

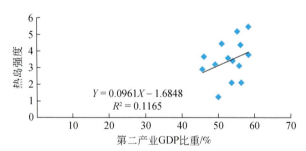

图 6-37　2000 年第二产业 GDP 与热岛强度回归分析图

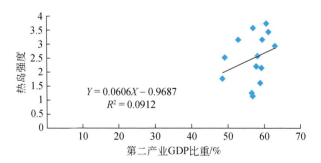

图 6-38　2005 年第二产业 GDP 与热岛强度回归分析图

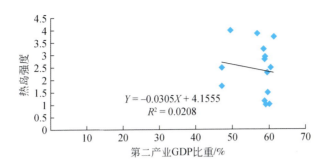

图 6-39 2010 年第二产业 GDP 与热岛强度回归分析图

相关关系函数如下。

$$2000 \text{ 年：} Y = 0.0961X - 1.6848 \qquad R^2 = 0.1165 \qquad (6\text{-}22)$$
$$2005 \text{ 年：} Y = 0.0606X - 0.9687 \qquad R^2 = 0.0912 \qquad (6\text{-}23)$$
$$2010 \text{ 年：} Y = -0.0305X + 4.1555 \qquad R^2 = 0.0208 \qquad (6\text{-}24)$$

式中，Y 为城区范围内热岛强度；X 为城区范围内第二产业 GDP 比重；R^2 为相关系数的平方，在 α 为 0.01 的置信度水平上相关性显著。

由式（6-22）~式（6-24）可以得到：2000 年、2005 年、2010 年长三角城市群城市尺度热岛强度与第二产业 GDP 比重先呈正相关后呈极弱的负相关，相关性逐渐减小。这表明：长三角城市群城市尺度第二产业 GDP 对热岛效应有促进作用，但其比重越大对热岛效应的促进作用越弱，超过一定阈值后，其促进作用几乎为零。这是因为在工业生产的过程中，不可避免地会放出大量的热，成为热源。但随着其生产总值的提高，生产水平和生产技术也逐步提高，同时也会拿出一定资金来治理，使其单位生产总值的放出热尽量少，所以其促进作用会越来越弱。

4）不同城市第三产业 GDP 与热岛强度的关系如图 6-40 ~ 图 6-42 所示。

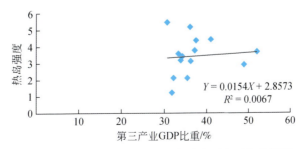

图 6-40 2000 年第三产业 GDP 与热岛强度回归分析图

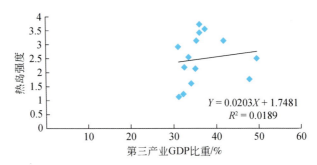

图 6-41　2005 年第三产业 GDP 与热岛强度回归分析图

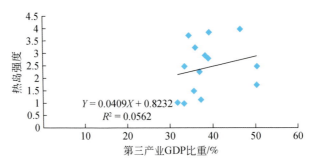

图 6-42　2010 年第三产业 GDP 与热岛强度回归分析图

相关关系函数如下。

$$2000 \text{ 年：} Y = 0.0154X + 2.8573 \quad R^2 = 0.0067 \quad (6\text{-}25)$$
$$2005 \text{ 年：} Y = 0.0203X + 1.7481 \quad R^2 = 0.0189 \quad (6\text{-}26)$$
$$2010 \text{ 年：} Y = 0.0409X + 0.8232 \quad R^2 = 0.0562 \quad (6\text{-}27)$$

式中，Y 城区范围内热岛强度；X 为城区范围内第三产业 GDP 比重；R^2 为相关系数的平方，在 α 为 0.01 的置信度水平上相关性显著。

由式（6-25）~ 式（6-27）可以得到：2000 年、2005 年、2010 年长三角城市群城市尺度热岛强度与第三产业 GDP 比重呈极弱的正相关，且相关性越来越强。这表明：长三角城市群城市尺度第三产业 GDP 对热岛效应有促进作用，但其促进作用很弱，低于一定阈值后，其促进作用几乎为零。究其原因，第三产业虽然低能耗、低污染，但在其快速发展的同时，也会带来大量的人口涌入城市，在生产生活中无时无刻不在制造热源，所以其会对热岛效应起到促进作用。但是当其生产总值低于一定阈值后，不足以促进大量人口进入城市，其对热岛效应的促进作用就会很弱，或者没有促进作用（台冰，2007）。

6.3.2.3　人口城市化对热岛效应的影响

为了研究城市尺度人口城市化与热岛效应之间的相关关系，依据主城区将长三角地区进行区域分配的结果，计算对应城区斑块内不同时间点的城镇人口统计数据。利用统计回归的方法得到散点图，并模拟其相关关系函数，其结果见图 6-43 ~ 图 6-45。

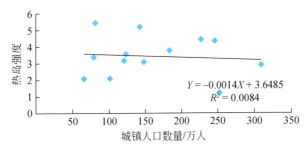

图 6-43　2000 年城镇户籍人口与热岛强度回归分析图

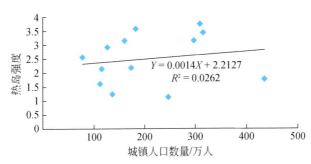

图 6-44　2005 年城镇户籍人口与热岛强度回归分析图

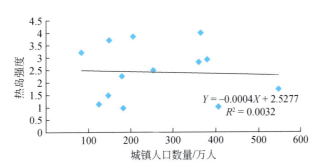

图 6-45　2010 年城镇户籍人口与热岛强度回归分析图

相关关系函数如下。

$$2000 \text{ 年：} Y = -0.0014X + 3.6485 \qquad R^2 = 0.0084 \qquad (6\text{-}28)$$
$$2005 \text{ 年：} Y = 0.0014X + 2.2127 \qquad R^2 = 0.0262 \qquad (6\text{-}29)$$
$$2010 \text{ 年：} Y = -0.0004X + 2.5277 \qquad R^2 = 0.0032 \qquad (6\text{-}30)$$

式中，Y 为城区范围内热岛强度；X 为城镇人口数量；R^2 为相关系数的平方，在 α 为 0.01 的置信度水平上相关性显著。

由式（6-28）~式（6-30）可以得到：2000 年、2005 年、2010 年长三角城市群城市尺度热岛强度与城镇人口数量呈极弱的相关关系。分析表明，长三角城市群城市尺度城镇人口数量对热岛效应的影响很小。因为长三角地区为我国城市化水平最高的地区，城区内吸引了大量的外来务工人员，这部分人口数量非常大，但是他们没有被列入城镇人口统计中。同时，由于城区存在着大量的空气污染、地价过高等负面因素，影响了当地人的生活和工作，一部分人放弃了城区生活进入郊区，而这部分人仍被列入城镇人口的计算当中。所以，本研究无法确定人口城市化对热岛效应的影响程度。

6.3.3　小结

本章从城市尺度来研究城市化对长三角城市群热岛效应的影响机制。使用欧式区域分配的方法来确定各个主城区对高温区的影响范围。

利用局部空间自相关分析的方法来研究城市尺度热岛效应的时空变化特征。发现城市尺度热岛效应的发展是相对独立的，热岛强度较高的地区集中在沿海岸线发展的绍兴、宁波地区，较低的地区集中在南通地区。因为绍兴、宁波地区郊区植被茂盛、湿地密布，对气温的抑制作用显著，造成了较大的城郊温度差。南通地区郊区分布着大量的盐碱地，植被稀少，盐碱地对太阳热辐射的吸收与不透水地表相差无几，故城郊温度差较小。

本章分别研究了城市尺度土地城市化、经济城市化、人口城市化对热岛效应的影响，发现城市尺度热岛强度与不透水地表的面积呈负相关，这是因为长三角地区城市化的水平已经达到了很高的高度，其城区的扩张方式很大程度上为外延式扩张，不透水地表的面积已经延伸到郊区，进而造成郊区相对温度的升高、热岛强度的降低。总体来说，经济城市化对热岛效应的影响机制是呈正相关的，这是因为在生产活动中不可避免地会放出大量的热，造成了城区温度的升高。但是第一产业、第二产业、第三产业对热岛效应的影响机制是不一样的。第一产业 GDP 对热岛强度有抑制作用。因为第一产业为农业，在农业生产的过程中会出现大面积的植被、湿地等，这些地表覆盖类型会对地表温度起到抑制作用。但是，随着农业生产技术水平的提高，其需要的湿地会相对变少，以及出现一些温室、塑料大棚等促进地表温度提升的地表覆盖类型，所以在超过一定阈值后，其正相关性会减弱。第二产业 GDP 对热岛效应有促进作用，但其比重越大对热岛效应的促进作用越弱，超过一定阈值后，其促进作用几乎为零。这是因为在工业生产的过程中，不可避免地会放出大量的热，成为热源，但随着其生产总值的提高，生产水平和生产技术也逐步提高，同时也会拿出一定资金进行治理，使单位生产总值的放出热减少，相关性会越来越弱。第三产业 GDP 对热岛效应有促进作用，但是很弱。因为第三产业虽然低能耗、低污染，但在其快速发展的同时，也会带来大量的人口涌入城市，在生产生活中无时无刻不在制造热源，所以其会对热岛效应起到促进作用，但是当其生产总值低于一定阈值后，不足以促进大量人口进入城市，其对热岛效应的促进作用就会很弱，或者没有促进作用。因为人口统计数据不精确，尚不能确定人口城市化与热岛效应之间的相关关系。

第7章 | 长三角重点城市城市化特征与变化

在城市群内部，不同城市的发展历史、规模与城市化水平，及其对生态环境的影响具有明显的差异。通常，每个城市群内部都有一个或多个重点城市，作为区域发展的核心，带动周边区域的社会、经济发展。为了更加深入地揭示长三角城市群不同地区的城市化特征及其对生态环境影响的差异，本章选择了长三角城市群的6个重点城市深入开展"城市尺度"的相关分析，结合高分辨遥感影像，侧重分析6个重点城市的城市化格局与变化。

7.1 重点城市概述

重点城市选择的基本原则是区域地位和影响，包括上海、江苏4个市（南京、苏州、无锡、常州）和浙江1个市（杭州）。重点城市尺度的研究主要关注建成区（行政市辖区）或主城区（基于遥感信息提取的中心城区），即揭示这些区域重点发展的城市内部的城市化及其生态环境影响的时空变化和差异。

图7-1所示为基于遥感信息提取的长三角6个重点城市近三十年的主城区变化范围，结果表明，1984～2010年，常州主城区扩张程度最大，增加了18倍，南京、苏州、无锡和杭州的主城区增加了10～14倍，上海增加程度相对最小，增加了3倍。2000～2010年，6个重点城市的主城区扩张速度减慢，但2010年比2000年，主城区范围也都翻了一倍以上。

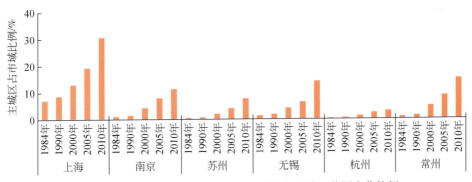

图7-1 1984～2010年长三角6个重点城市主城区范围变化特征

图7-2所示为基于高分辨率遥感信息分类提取的6个重点城市不同时期（2000～2010年）主城区土地覆盖组成特征。结果表明，2000～2010年，南京、苏州、无锡和常州主城区内的不透水地表比例在不断下降，绿地比例增加，而上海和杭州2005年主城区内不透水地

表比例高于 2000 年和 2010 年。这个结果揭示，在建设或改造活动影响下，已经高度城市化的城市建成区内的景观格局不断变化。为了深入揭示城市建成区城市化和生态环境影响的时空变化差异，对城市建成区内的不同行政单元的城市化和生态环境影响特征进行评估。

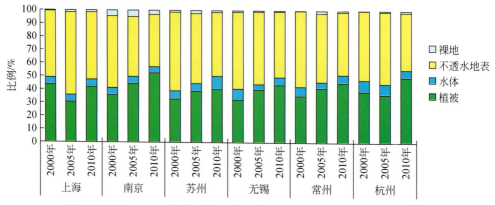

图 7-2   2000～2010 年长三角 6 个重点城市主城区内土地覆盖变化特征

同城市群尺度一样，从土地城市化、经济城市化和人口城市化三个方面对长三角重点城市建成区内部的城市化特征进行综合评价。虽然基于遥感数据可以很好地确定土地城市化特征，如主城区范围，但该范围和建成区的行政统计边界不完全匹配。因此，对于重点城市建成区内部的城市化及生态环境影响评估采用了"行政市辖区"统计单元，以便同社会、经济统计信息等匹配。表 7-1 所示为长三角 6 个重点城市行政市辖区范围，该范围包括城建统计部门定义的"行政市辖区"范围和遥感信息判别的城市建设用地覆盖比例较大的区域。例如上海的宝山区，虽尚未属于统计部门的"行政市辖区"范围，但从土地覆盖角度，该区域城市化特征已经很明显。

表 7-1   长三角 6 个重点城市建成区统计信息

城市	建成区
上海	卢湾区、宝山区、徐汇区、普陀区、杨浦区、浦东新区、南汇区、虹口区、闸北区、静安区、黄浦区、长宁区
南京	玄武区、白下区、秦淮区、建邺区、鼓楼区、下关区、栖霞区、雨花台区、江宁区
苏州	吴中区、平江区、沧浪区、相城区、工业园区、虎丘区、金阊区
无锡	北塘区、南长区、崇安区、惠山区、滨湖区、锡山区
常州	武进区、新北区、天宁区、钟楼区、戚墅堰区
杭州	上城区、下城区、江干区、拱墅区、西湖区、滨江区、萧山区、余杭区

7.2   土地城市化特征与变化

图 7-3～图 7-8 所示为长三角 6 个重点城市 2000～2010 年建成区内不同行政市辖区的内部土地覆盖变化特征。

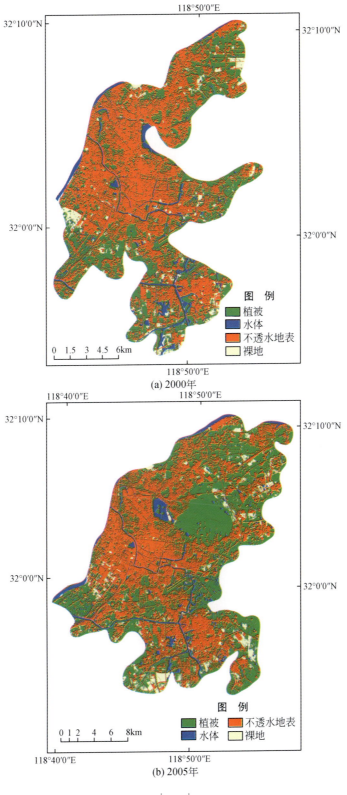

(a) 2000年

(b) 2005年

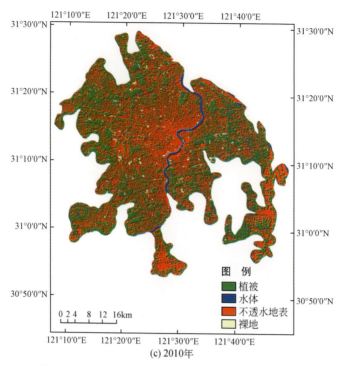

(c) 2010年

图 7-3 2000~2010年上海建成区内景观格局分布图

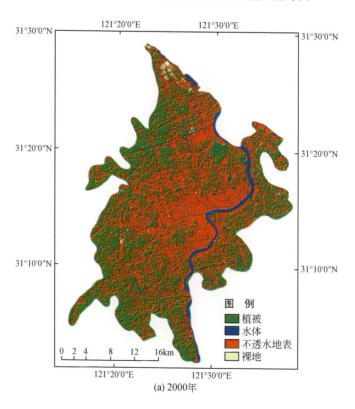

(a) 2000年

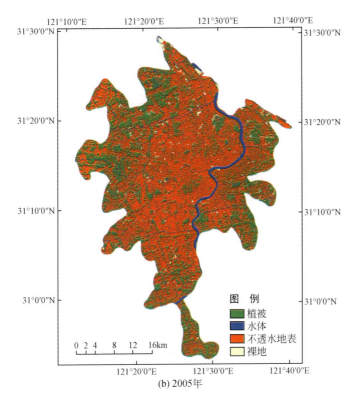

(b) 2005年

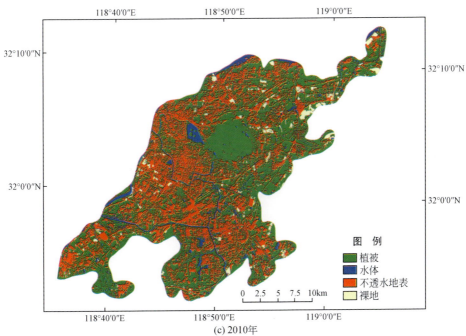

(c) 2010年

图 7-4 2000~2010 年南京建成区内景观格局分布图

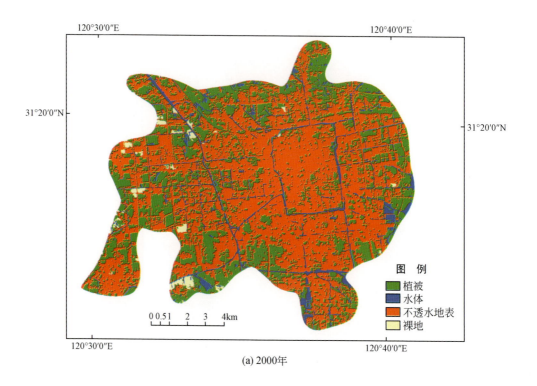

(a) 2000年

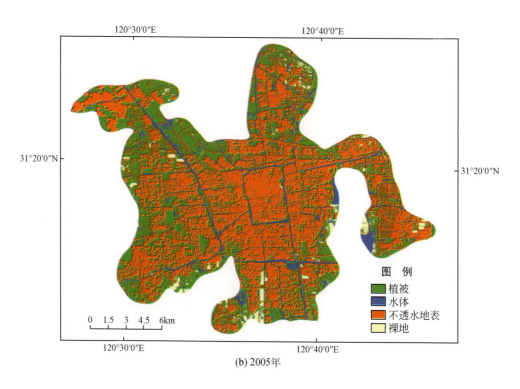

(b) 2005年

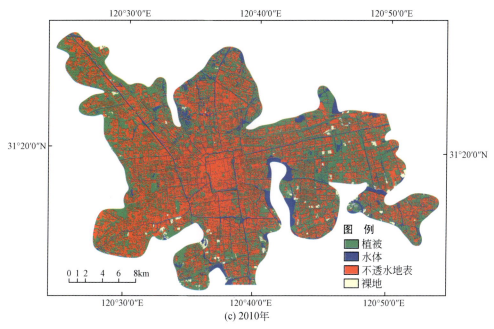

(c) 2010年

图 7-5　2000～2010 年苏州建成区内景观格局分布图

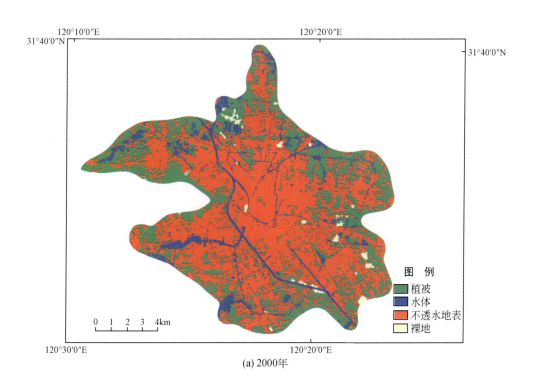

(a) 2000年

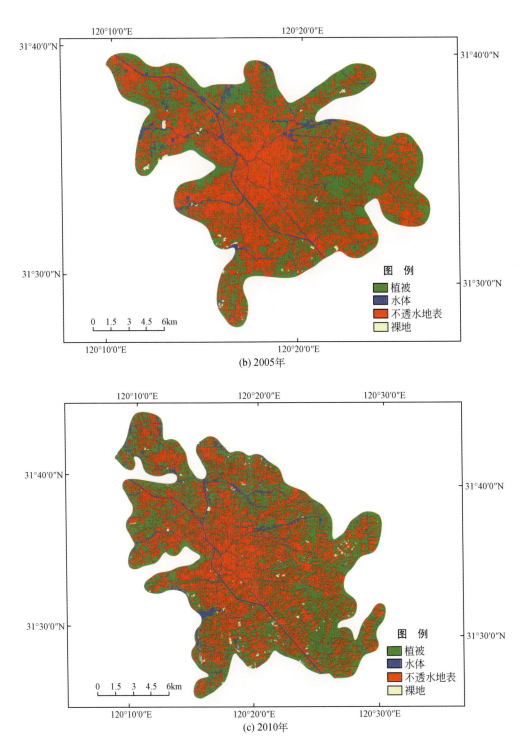

(b) 2005年

(c) 2010年

图 7-6   2000~2010 年无锡建成区内景观格局分布图

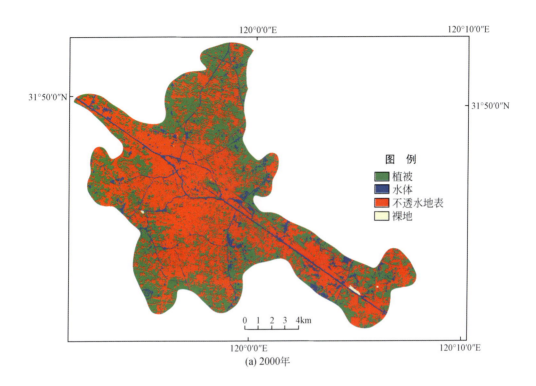

(a) 2000年

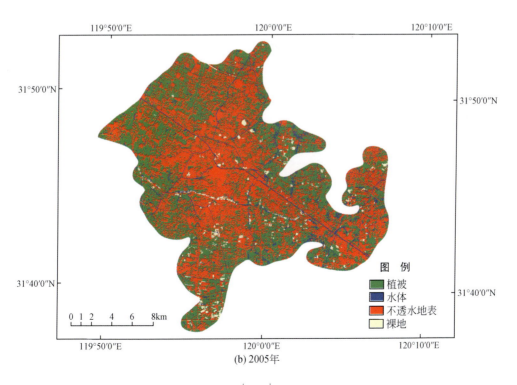

(b) 2005年

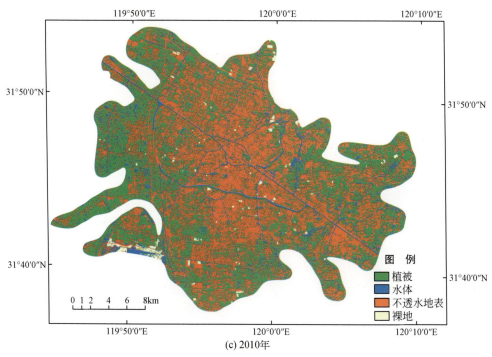

(c) 2010年

图 7-7　2000~2010 年常州建成区内景观格局分布图

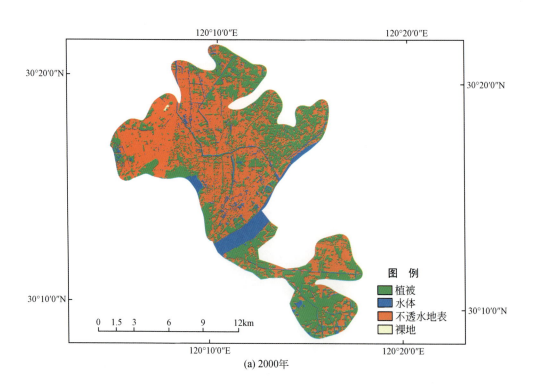

(a) 2000年

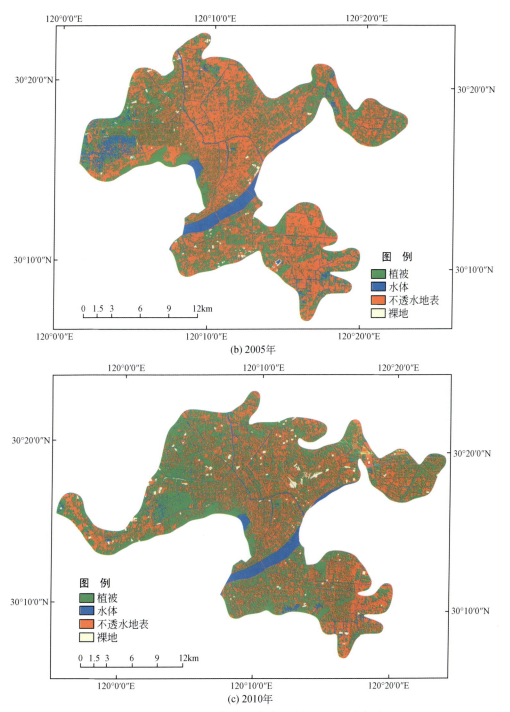

(b) 2005年

(c) 2010年

图 7-8 2000～2010 年杭州建成区内景观格局分布图

结果表明，城市建成区内土地覆盖特征的时空差异很大（图 7-9～图 7-14）。时间尺度上,2000~2010 年,上海 12 个市辖区的不透水地表覆盖比例呈明显增加趋势,但多数辖区 2005 年的不透水地表覆盖比例最高,2010 年不透水地表覆盖比例比 2005 年有所下降,但高于 2000 年,体现了城市内部的用地改造。从空间分异看,上海 12 个市辖区,除了宝山区、浦东新区和南汇区(该区 2009 年归并入浦东新区)的不透水地表比例较低,分别为 47.2%、43.3% 和 30.2%(2010 年),其他 10 个区的不透水地表覆盖比例均为 60% 以上。

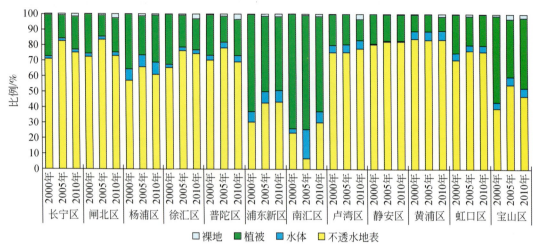

图 7-9 2000~2010 年上海建成区内土地覆盖变化特征

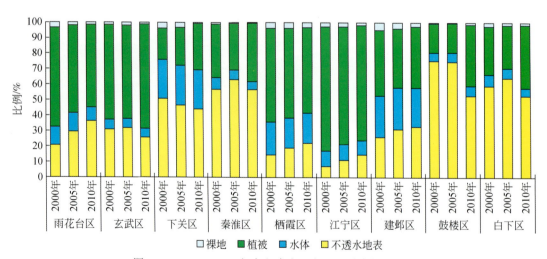

图 7-10 2000~2010 年南京建成区内土地覆盖变化特征

2000~2010 年,南京 9 个市辖区中,时间尺度上,多数市辖区不透水地表比例呈增加趋势,如雨花台、栖霞区、江宁区、建邺区,而玄武区、下关区、鼓楼区和白下区 2010 年不透水地表比例比 2000 年低。2005 年,部分区同上海一样,不透水地表比例明显高于 2000 年和 2010 年,如秦淮区和白下区。从空间分异看,秦淮区、下关区、鼓楼区和白下区的不透

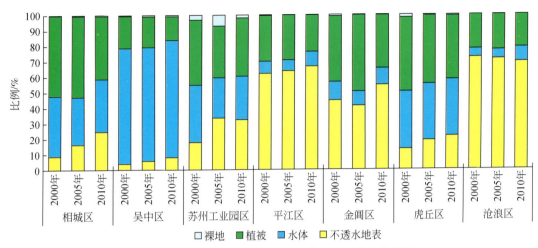

图 7-11 2000~2010 年苏州建成区内土地覆盖变化特征

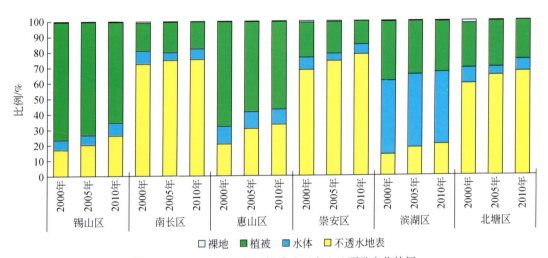

图 7-12 2000~2010 年无锡建成区内土地覆盖变化特征

水地表比例最高，为 50%~80%，其他区的不透水地表比例在 50% 以下。

2000~2010 年，苏州 7 个市辖区中，时间尺度上，除了沧浪区不透水地表比例略有下降外，其他 6 个区不透水地表比例都呈不同程度升高。从空间分异看，苏州 7 个市辖区不透水地表覆盖比例差异很大，平江区和沧浪区的不透水地表覆盖比例为 60%~75%，明显高于苏州其他市辖区。其次是金闾区，2000~2010 年，不透水地表覆盖比例为 40%~55%，而苏州工业园区、虎丘区、相城区和吴中区的不透水地表覆盖比例均低于 35%。

2000~2010 年，无锡 6 个市辖区中，时间尺度上，不透水地表覆盖比例都是持续增加的，而 2000~2005 年增加的程度大于 2005~2010 年。从空间分异看，无锡 6 个市辖区不透水地表覆盖比例差异较大，南长区、崇安区和北塘区的不透水地表比例最高，为 60%~80%，惠山区、锡山区和滨湖区的不透水地表比例相对较低，为 15%~35%。

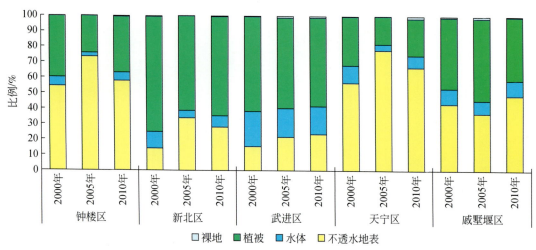

图 7-13 2000~2010 年常州建成区内土地覆盖变化特征

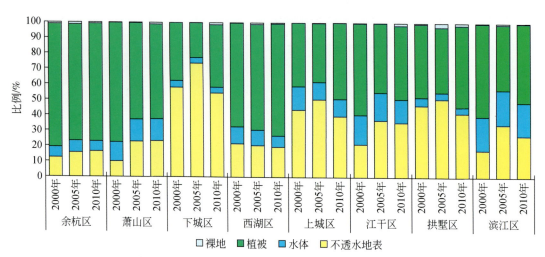

图 7-14 2000~2010 年杭州建成区内土地覆盖变化特征

2000~2010 年，常州 5 个市辖区中，时间尺度上，不透水地表覆盖比例呈波动增加，有的市辖区 2005 年不透水地表比例最高，明显高于 2000 年和 2010 年，如钟楼区、新北区和天宁区，戚墅堰区不透水地表比例是先降低（2005 年最低）后快速增加。从空间分异看，常州 5 个市辖区不透水地表覆盖比例差异较大，鼓楼区和天宁区的不透水地表比例最高，为 55%~80%，戚墅堰区、新北区和武进的不透水地表比例相对较低，为 15%~50%。

2000~2010 年，杭州 8 个市辖区中，时间尺度上，除拱墅区、西湖区、下城区和上城区不透水地表覆盖比例有所下降外，其他 4 个区不透水地表覆盖比例波动增加。从空间分异看，杭州 8 个市辖区不透水地表覆盖比例差异较大。

7.3 经济城市化特征与变化

图 7-15、图 7-16 所示为长三角 6 个重点城市 2000～2010 年建成区内不同市辖区的三产结构变化特征。

结果表明，城市建成区三产结构的时空差异很大。时间尺度上，2000～2010 年，上海 10 个市辖区都是以第二、三产业为主，第一产业比例很低，且整体呈三产比例增加、第二产业比例减少的趋势。从空间分异看，浦东新区的第二产业比例最高，2000～2010 年，为 43%～53%，其他市辖区第二产业比例均低于 35%。黄浦区、卢湾区和静安的第三产业比例最高，2010 年均在 95% 以上。

2000～2010 年，南京 8 个市辖区的三产结构的时空差异明显。时间尺度上，同上海相似，2000～2010 年，所有市辖区都是以第二、三产业为主，第一产业比例很低，且整体呈三产比例增加、第二产业比例减少的趋势。从空间分异看，栖霞区和雨花台区的第二产业比例最高，2000～2010 年，为 50%～80%，其他市辖区第二产业比例均低于 50%。玄武区、白下区、鼓楼区和下关区的第三产业比例最高，2010 年均在 75% 以上。

2000～2010 年，苏州 7 个市辖区的三产结构的时空差异明显。时间尺度上，同上海和南京产业结构明显不同。2000～2010 年，除沧浪区、平江区和金阊区以第三产业为主外，其他 4 个市辖区都是以第二产业为主，第一产业比例很低，且整体呈第三产业比例增加的趋势。从空间分异看，吴中区、相城区、高新区和工业园区的第二产业比例最高，2000～2010 年，为 50%～85%，其他市辖区第二产业比例均低于 50%。沧浪区、平江区、金阊区的第三产业比例最高，2010 年均在 80% 以上。

2000～2010 年，无锡 7 个市辖区的三产结构的时空差异明显。时间尺度上，同苏州产业结构相似。2000～2010 年，除崇安区、南长区和北塘区以第三产业为主外，其他 4 个市辖区都是以第二产业为主，第一产业比例很低，且整体呈第三产业比例增加的趋势。从空间分异看，锡山区、惠山区、滨湖区和新区的第二产业比例最高，2000～2010 年，为 50%～85%，其他市辖区第二产业比例均低于 50%。崇安区、南长区和北塘区的第三产业比例最高，2010 年均在 60% 以上。

2000～2010 年，常州 5 个市辖区的三产结构的时空差异明显。时间尺度上，2000～2005 年，所有市辖区都以第二产业为主，到 2010 年，天宁区和钟楼区的第三产业比例增至 50% 左右，其他 3 个市辖区依然以第二产业为主，第一产业比例很低，2000～2010 年整体呈第三产业比例增加的趋势。从空间分异看，武进、新北区和戚墅堰区的第二产业比例最高，2000～2010 年，为 55%～80%。

2000～2010 年，杭州 8 个市辖区的三产结构的时空差异明显。时间尺度上，2000～2010 年，除下城区、江干区和西湖区第三产业比例较高外，多数市辖区都是以第二产业为主，第一产业比例很低，整体呈第三产业比例增加的趋势。从空间分异看，滨江区、萧山区和余杭区的第二产业比例最高，2000～2010 年，为 50%～70%。到 2010 年，下城区、江干区和西湖区第三产业比例增至 65% 以上。

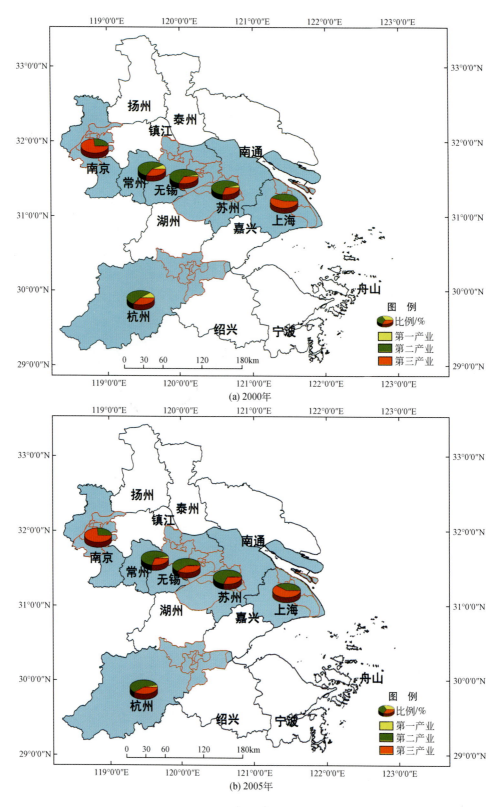

(a) 2000年

(b) 2005年

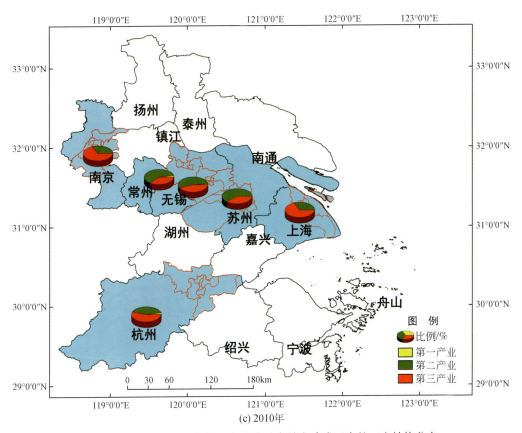

(c) 2010年

图 7-15 2000~2010 年长三角六个重点城市建成区内的三产结构分布

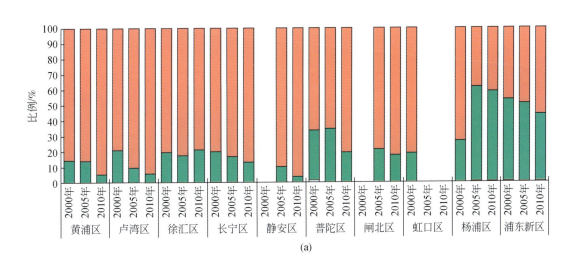

(a)

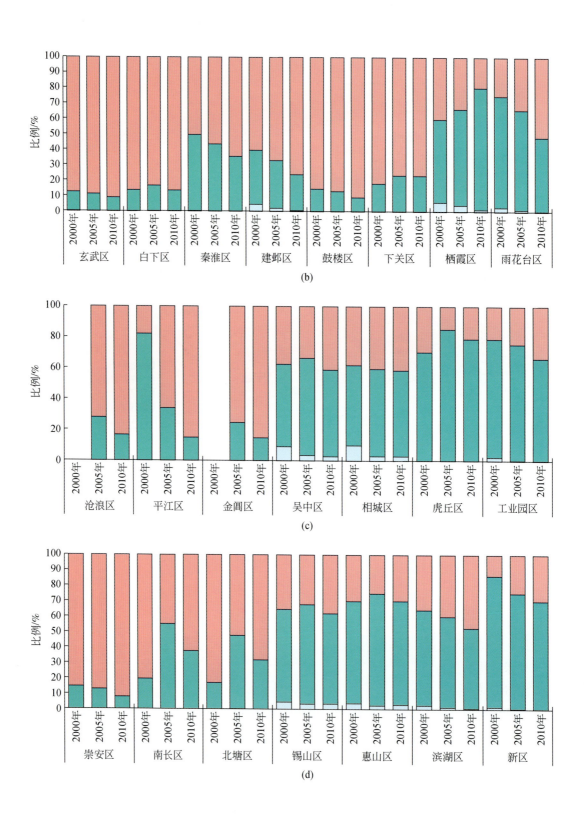

(b)

(c)

(d)

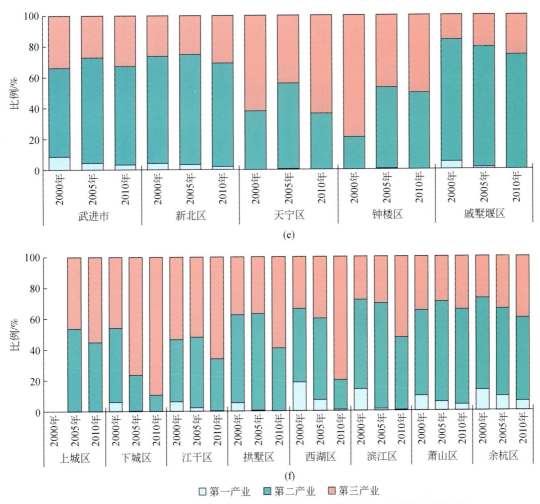

图 7-16   2000~2010 年长三角 6 个重点城市不同市辖区的三产结构变化特征

7.4   人口城市化特征与变化

图 7-17 所示为 2000~2010 年长三角 6 个重点城市建成区人口密度变化特征。

结果表明，城市建成区人口密度的时空差异很大。时间尺度上，2000~2010 年，上海 10 个市辖区总体人口密度增加，但不同市辖区变动比较大，其中，有 5 个市辖区人口密度下降，如浦东新区、卢湾区、静安区、闸北区和虹口区，其他市辖区人口密度增加。黄浦区和虹口区人口密度先降低后增加。从空间分异看，2000~2010 年上海建成区平均人口密度为 25 000~30 000 人/km²。2000 年，黄浦区、卢湾区和静安区的人口密度最大，超过 40 000人/km²，到 2010 年，黄浦区和静安区、人口密度最大，与 2000 年相比有所降低，但仍超过 40 000 人/km²。

2000～2010 年，南京建成区人口密度的时空差异明显。时间尺度上，2000～2010 年，与上海不同，南京建成区整体人口密度是增加的，个别市辖区人口密度降低，如建邺区 2005 年比 2000 年人口密度明显减少，白下区和鼓楼区是先增后减。从空间分异看，2000～2010 年南京建成区平均人口密度为 8500～10 000 人/km²。2000 年，白下区、秦淮区、建邺区和鼓楼区的人口密度最大，为 10 000～20 000 人/km²，到 2010 年，白下区、秦淮区、鼓楼区和下关区人口密度最大，为 10 000～30 000 人/km²。

2000～2010 年，苏州建成区人口密度的时空差异明显。时间尺度上，2000～2010 年，苏州建成区整体人口密度是增加的，除金阊区人口密度降低外，其他 6 个市辖区都是增加的。从空间分异看，2000～2010 年苏州建成区平均人口密度为 4000～5000 人/km²。2005 年和 2010 年，沧浪区和平江区的人口密度最大，为 10 000～13 000 人/km²，其他市辖区人口密度均低于 7000 人/km²。

2000～2010 年，无锡建成区人口密度的时空差异明显。时间尺度上，2000～2010 年，无锡建成区整体人口密度是降低的。2000～2005 年，多数市辖区，如崇安区、南长区、北塘区和滨湖区人口密度明显降低，而 2005～2010 年，崇安区、南长区、北塘区、锡山区、惠山区和新区人口密度有所增加。从空间分异看，2000～2010 年无锡建成区平均人口密度为 5000～15 000 人/km²。2000 年，崇安区、南长区和北塘区人口密度最大，为 25 000～35 000 人/km²，其他市辖区人口密度均低于 1500 人/km²。到 2010 年，只有崇安区和南长区人口密度超过 10 000 人/km²，但均低于 15 000 人/km²。

2005～2010 年（2000 年部分市辖区人口数据缺失），常州建成区人口密度的时空差异明显。时间尺度上，2005～2010 年，常州建成区整体人口密度略有增加，但增幅不大。天宁区和戚墅堰区人口密度降低，其他市辖区人口密度有所增加。从空间分异看，2005～2010 年常州建成区平均人口密度在 3000 人/km² 左右。2005 年，天宁区和钟楼区人口密度最大，为 5000～6000 人/km²，其他市辖区人口密度均低于 3000 人/km²。到 2010 年，仍是天宁区和钟楼区人口密度最大，但低于 6000 人/km²。

2000～2010 年，杭州 8 个市辖区人口密度都是持续增长的。从空间分异看，2000～2010 年杭州建成区平均人口密度为 4500～5500 人/km²。2000 年，上城区和下城区人口密度最大，为 10 000～20 000 人/km²，其他市辖区人口密度均低于 3500 人/km²。到 2010 年，仍是上城区和下城区人口密度最大，但低于 20 000 人/km²。

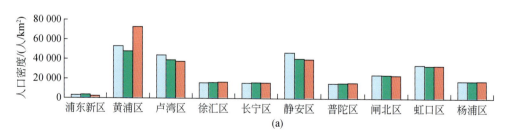

(a)

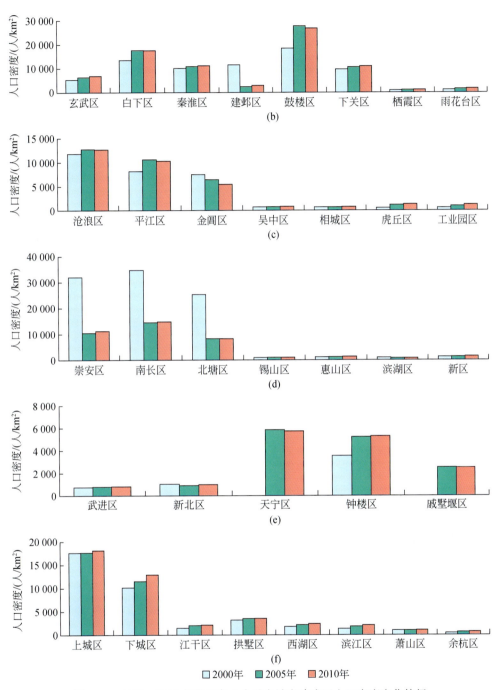

图 7-17 2000~2010 年长三角 6 个重点城市建成区人口密度变化特征

7.5 重点城市城市化特征综合评估

结合长三角区域 6 个重点城市土地城市化、经济城市化和人口城市化的单项评估结果，进行了综合城市化水平评估（图 7-18）。

结果表明，长三角 6 个重点城市建成区内不同市辖区的综合城市化水平有明显时空差异。总体上，上海建成区内综合城市化水平的差异低于其他 5 个重点城市，表明上海不同市辖区的综合城市化水平很高，空间区域差异缩小。同上海相比，南京、苏州、无锡、常州和杭州 5 个城市建成区内部的综合城市化水平存在明显时空差异，主要是发展历史较早和位于建成区中心的"老市辖区"的城市化综合水平高于后发展的、位于建成区外围的"新市辖区"。时间尺度上，2000~2010 年，长三角 6 个重点城市的"老市辖区"的综合城市化水平有波动变化和下降趋势，主要是因为老城区人口密度有下降趋势。而"新市辖区"的综合城市化水平有增加趋势，主要是人口密度有所增加和产业结构的变化。

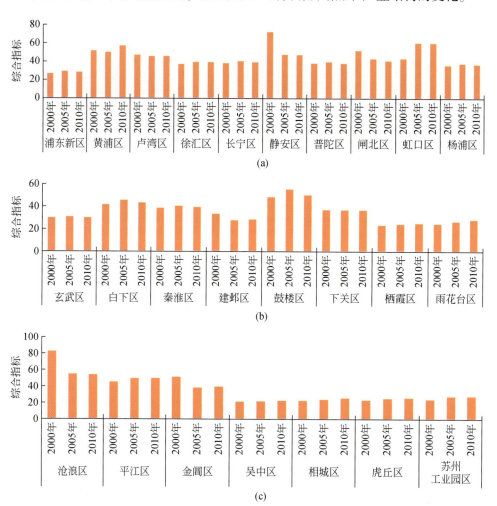

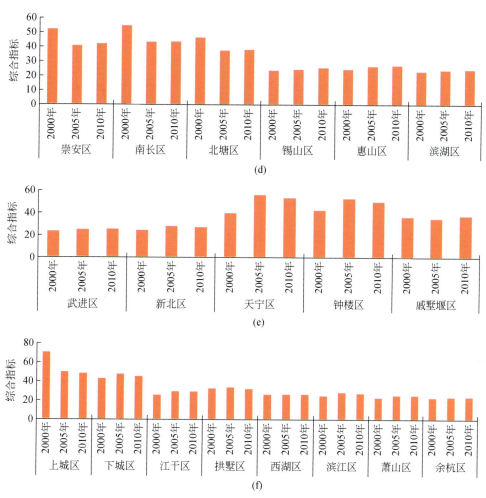

图7-18　2000～2010年长三角6个重点城市的城市化强度综合评估结果

第8章 长三角重点城市生态环境效应与变化

重点城市作为引领城市群区域发展的核心动力，人类活动最为剧烈，其在推动区域快速发展的同时，对自身及周边生态环境的胁迫影响也比其他非重点城市突出。为了揭示长三角重点城市的生态环境状况及产生根源，本章在对上海、苏州、无锡、常州、南京和杭州6个重点城市的格局演变特征进行分析的基础上，从景观格局、生态质量与环境质量的特征和变化，以及资源环境利用效率与生态环境胁迫的特征与变化等方面进行分析，揭示不同重点城市之间以及同一重点城市内部不同地区之间的差异。

8.1 景观格局特征与变化

图8-1所示为长三角6个重点城市2000~2010年建成区内不同地表覆盖斑块密度变化特征。

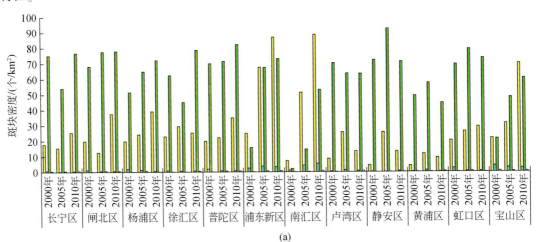

(a)

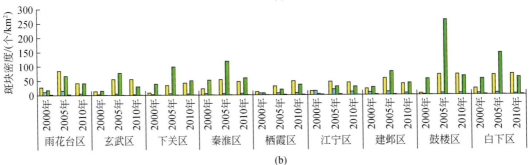

(b)

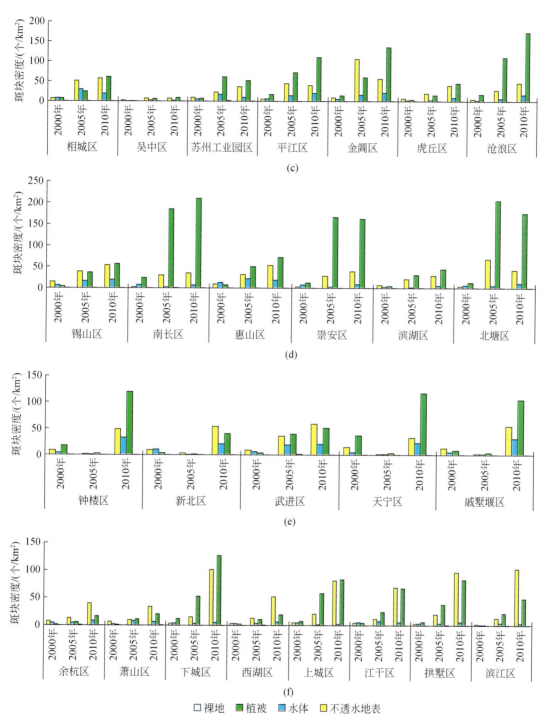

图 8-1 2000～2010 年长三角 6 个重点城市 "建成区" 不同地表覆盖斑块密度变化特征

结果表明，城市建成区不同地表覆盖斑块密度的时空差异很大。时间尺度上，2000～
2010 年，上海 12 个市辖区不透水地表和绿地的斑块密度都是明显增加的，表明城市景观格局愈加破碎。从空间分异看，浦东新区、南汇区和宝山区不透水地表斑块密度最大，而多数市辖区的绿地斑块密度差异不大，说明上海绿地破碎程度的区域差异不大。

时间尺度上，2000~2010年，南京建成区的不透水地表和绿地斑块密度都有所增加。但不同时期变化特征不同，多数市辖区不透水地表和绿地斑块密度在2005年最大，高于2000年和2010年。从空间分异看，各区的不透水地表斑块密度差异不明显，鼓楼区和白下区2005年绿地斑块密度大于其他区。

时间尺度上，2000~2010年，苏州建成区的不透水地表和绿地斑块密度整体上持续增加。从空间分异看，金阊区和沧浪区的不透水地表和绿地斑块密度较高，吴中区的不透水地表和绿地斑块密度明显低于其他区。

时间尺度上，2000~2010年，无锡建成区的不透水地表和绿地斑块密度整体上持续增加。从空间分异看，各区的不透水地表斑块密度差异不大，南长区、崇安区和北塘区绿地斑块密度明显高于其他区。

时间尺度上，2000~2010年，常州建成区的不透水地表和绿地斑块密度明显增加。从空间分异看，各区的不透水地表斑块密度差异不大，钟楼区、天宁区和戚墅堰区绿地斑块密度明显高于其他区。

时间尺度上，2000~2010年，杭州建成区的不透水地表和绿地斑块密度都是明显增加的。从空间分异看，下城区、上城区、江干区、拱墅区和滨江区的不透水地表和绿地斑块密度明显高于其他区。

8.2 生态质量特征与变化

8.2.1 绿地比例与变化

图8-2所示为长三角6个重点城市2000~2010年建成区内不同市辖区的绿地比例变化特征。

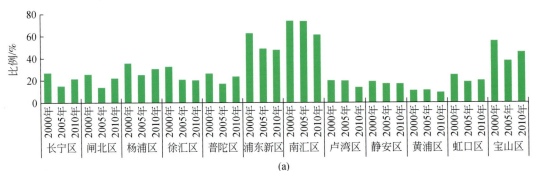

(a)

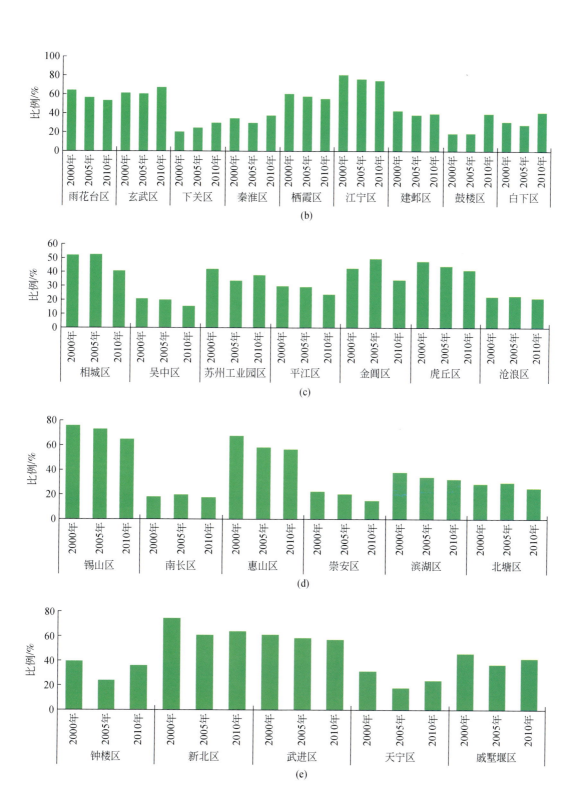

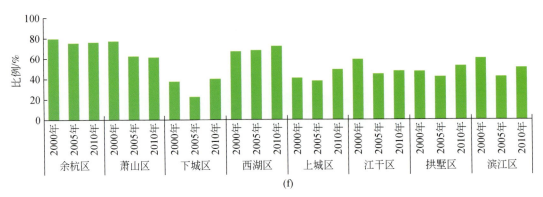

图8-2 2000~2010年长三角6个重点城市建成区内不同市辖区的绿地比例变化特征

结果表明，城市建成区内绿地覆盖比例的时空差异很大。时间尺度上，2000~2010年，上海12个市辖区的绿地覆盖比例呈降低趋势，但多数辖区2005年的绿地覆盖比例最低，2010年绿地覆盖比例较2005年有所增加，表明城市近年来开始重视绿化。从空间分异看，上海12个市辖区中，浦东新区、南汇区和宝山区绿化比例较高，为40%~75%，其他区的绿地覆盖比例基本低于35%。

2000~2010年，南京建成区内绿地覆盖比例的时空差异明显。从时间尺度看，2000~2010年，雨花台区、栖霞区、建邺区和江宁区4个市辖区绿地比例有所下降，而玄武区、下关区、秦淮区、鼓楼区和白下区的绿地比例增加。从空间分异看，雨花台区、玄武区、栖霞区和江宁区的绿地比例超过50%，下关区、秦淮区、鼓楼区和白下区绿地比例低于40%。

2000~2010年，苏州建成区内绿地覆盖比例的时空差异明显。从时间尺度看，2000~2010年，7个市辖区的绿地覆盖比例都是减少的，但不同时期是波动的，如苏州工业园区绿地比例是先降后升，但2010年绿地比例仍低于2000年。从空间分异看，相城区和虎丘区的绿地比例较高，超过45%，吴中区和沧浪区绿地比例低于25%。

2000~2010年，无锡建成区内绿地覆盖比例的时空差异明显。从时间尺度看，2000~2010年，6个市辖区的绿地覆盖比例都是减少的。从空间分异看，锡山区和惠山区的绿地比例较高，为60%~80%，南长区和崇安区绿地比例低于25%。

2000~2010年，无锡建成区内绿地覆盖比例的时空差异明显。从时间尺度看，2000~2010年，6个市辖区的绿地覆盖比例都是不断减少的。从空间分异看，锡山区和惠山区的绿地比例较高，为60%~80%，南长区和崇安区绿地比例低于25%。

2000~2010年，常州建成区内绿地覆盖比例的时空差异明显。从时间尺度看，2000~2010年，5个市辖区的绿地覆盖比例总体减少。但不同时期是波动的，如钟楼区、新北区、天宁区和戚墅堰区绿地比例是先降后升，但2010年绿地比例仍低于2000年。从空间分异看，新北区和武进区的绿地比例较高，为55%~80%，天宁区绿地比例低于25%。

2000~2010年，杭州建成区内绿地覆盖比例的时空差异明显。从时间尺度看，2000~2010年，余杭、萧山区、江干区和滨江区4个市辖区的绿地覆盖比例减少，而其他4个市辖区绿地比例有所增加。不同时期变化有所波动，如下城区、上城区、江干区、拱墅区和滨江区绿地比例先降后升，即 2005 年绿地比例最低。从空间分异看，余杭区、西湖区和萧山区绿地比例较高，为 60%～80%，下城区较低，低于 40%。

8.2.2　人均绿地面积与变化

图 8-3 所示为长三角 6 个重点城市 2000～2010 年建成区内不同市辖区的人均绿地面积变化特征。

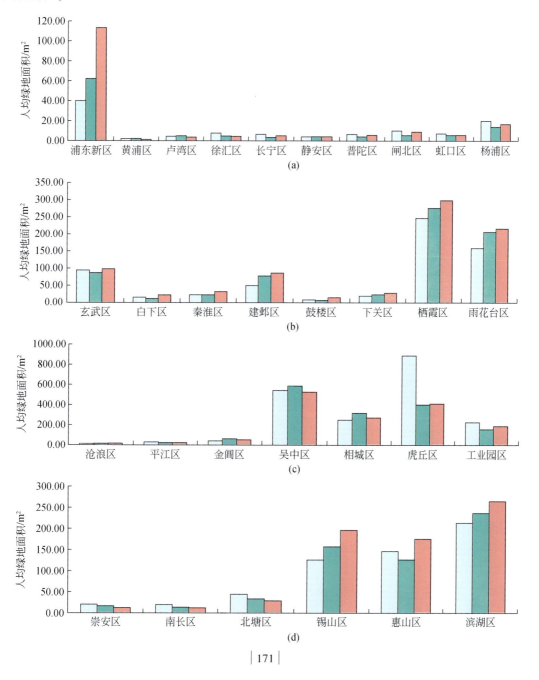

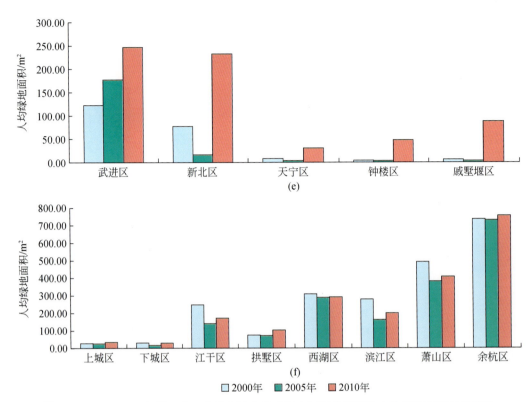

图 8-3　2000～2010 年长三角 6 个重点城市建成区内不同市辖区的人均绿地面积变化特征

　　结果表明，城市建成区内绿地覆盖比例的时空差异很大。时间尺度上，2000～2010 年，上海市辖区的人均绿地面积总体呈持续增加特征。2000 年上海建成区人均绿地面积是 17.8 m^2，2005 年增为 29.56 m^2，2010 年增为 38.65 m^2。从空间分异看，卢湾区、静安区和黄浦区的人均绿地面积最低，2000～2010 年都低于 5 m^2。浦东新区人均绿地面积最高，2000 年为 40.09 m^2，2005 年为 62.32 m^2，2010 年为 113.42 m^2。

　　2000～2010 年，南京建成区内人均绿地面积总体增加，但 2000～2005 年增加幅度明显小于 2005～2010 年。其中，建邺区、下关区、栖霞区和雨花台区 2000～2010 年人均绿地面积持续增加，玄武区、白下区、秦淮区和鼓楼区的人均绿地面积先降后增。从空间分布看，雨花台区和栖霞区人均绿地面积最大，2000～2010 年，人均绿地面积为 150～300 m^2，鼓楼区、白下区和下关区人均绿地面积较少，为 15～30 m^2。

　　2000～2010 年，苏州建成区内人均绿地面积总体降低。从时间尺度看，除沧浪区、金阊区和相城区的人均绿地面积增加外，其他 4 个市辖区的人均绿地面积有所降低。从空间分布看，高新区和吴中区的人均绿地面积最大，为 400～900 m^2（2000～2010 年），平江区、沧浪区和金阊区的人均绿地面积较少，为 15～60 m^2（2010 年）。

　　2000～2010 年，无锡建成区内人均绿地面积总体增加。从空间分布看，锡山区、惠山区和滨湖区人均绿地面积最大，为 120～300 m^2。崇安区、南长区和北塘区的人均绿地面积较少，均低于 50 m^2，2000～2010 年，人均绿地面积持续减少。

2000～2010 年，常州建成区内人均绿地面积总体增加，且 5 个市辖区的人均绿地面积都有所增加。从空间分布看，武进区人均绿地面积最大，超过 80 m²，戚墅堰区、钟楼和天宁区人均绿地面积较少，2000 年均低于 10 m²，但 2010 年均明显增加，均超过 30 m²。

2000～2010 年，杭州建成区内人均绿地面积总体降低。其中，上城区、拱墅区和余杭区的人均绿地面积有所增加，其他 5 个市辖区的人均绿地面积均有所减少。从空间分布看，余杭区和萧山区人均绿地面积最大，为 380～760 m²，下城区和上城区人均绿地面积较少，均低于 30 m²。

8.2.3 景观多样性与变化

图 8-4 所示为长三角 6 个重点城市 2000～2010 年建成区内土地覆盖景观多样性指数变化特征。

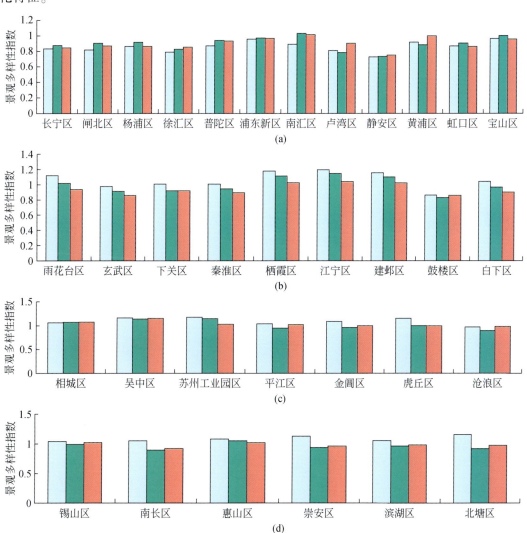

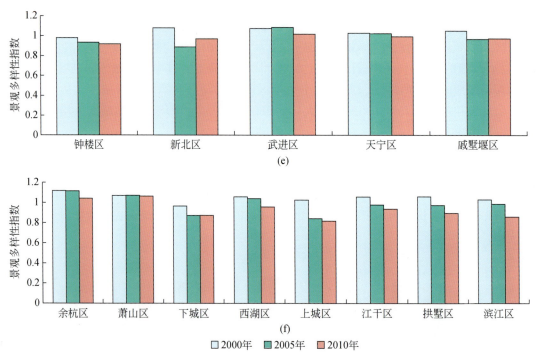

图 8-4　2000～2010 年长三角 6 个重点城市建成区内土地覆盖景观多样性指数变化特征

结果表明,总体上,长三角 6 个重点城市不同市辖区的土地覆盖景观多样性时空差异不明显,说明高密集的城市建成区景观多样性布局相似。

8.2.4　综合评估

基于长三角区域 6 个重点城市建成区的绿地比例、人均绿地面积和景观均匀度的单项评估结果,进行了综合城市化水平评估(图 8-5)。

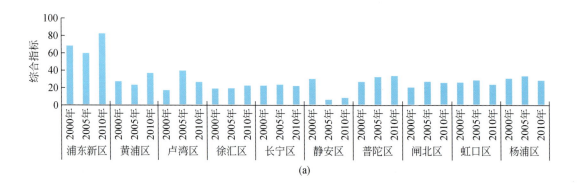

(a)

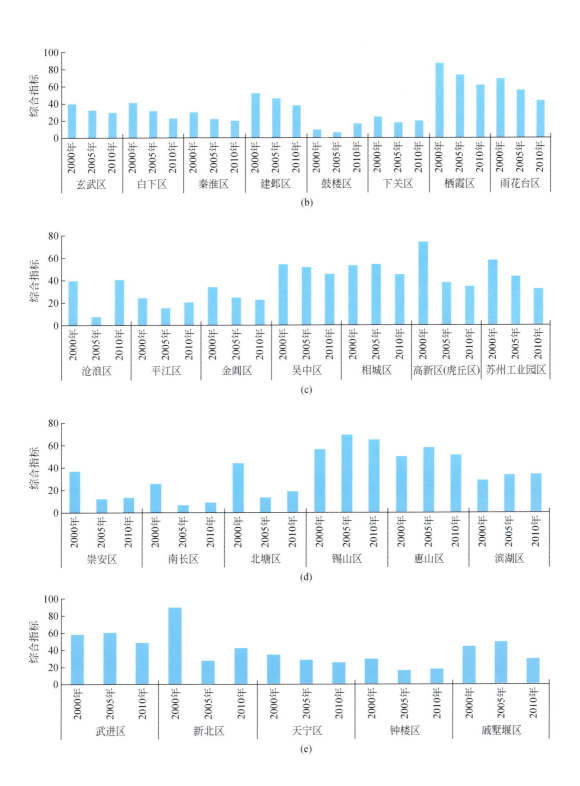

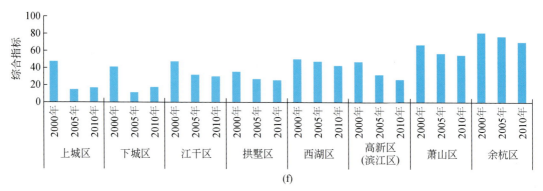

图 8-5　2000～2010 年长三角 6 个重点城市建成区生态质量综合评估结果

结果表明，空间尺度上，长三角 6 个重点城市建成区内不同市辖区的综合生态质量呈下降趋势。从空间分异看，"新市辖区"的综合生态质量明显高于"老市辖区"，主要源于绿地比例和人均绿地面积的差异。时间尺度上，2000～2010 年，长三角 6 个重点城市的多数市辖区的综合生态质量呈下降趋势，个别区域有波动，主要原因是人均绿地面积和景观均匀度发生变化。

8.3　环境质量与变化

长三角 6 个重点城市基于全市尺度的大气质量评估结果见 5.2 节。

长三角 6 个重点城市大气质量评估结果显示 2000～2010 年空气质量优良率、酸雨频率、酸雨 pH、PM_{10} 浓度、二氧化硫和二氧化氮等监测指标呈不同幅度变化。环境部门的监测数据显示，2000～2010 年，长三角 6 个重点城市（上海、南京、苏州、无锡、常州和杭州）的空气质量优良率是不断提高的，2010 年，上海、苏州、无锡和常州的空气质量优良率都超过 90%，南京和杭州分别为 82.7% 和 86%。酸雨频率和程度加剧，其中上海2000～2010 年酸雨频率增加程度最大。PM_{10} 浓度整体下降，2000～2005 年下降的幅度高于 2005～2010 年。不同城市二氧化氮浓度变化特征不同，上海为持续降低，南京、苏州和无锡则为增加。二氧化硫浓度方面，苏州为持续下降，上海、南京、无锡和杭州 2000～2005 年明显增加，2005～2010 年降低，2010 年浓度低于 2000 年。

8.4　资源环境利用效率与变化

由于难以获得比较完备的城市建成区内部不同市辖区 2000～2010 年的水资源、能源和环境利用效率数据，所以，本研究对长三角 6 个重点城市市域尺度 2000～2010 年资源环境利用效率进行了评估。

结果表明（图 8-6），2000～2010 年，长三角 6 个重点城市单位 GDP 用水总量都减少，南京减少幅度最大，上海次之。2000～2005 年，长三角 6 个重点城市单位 GDP 用电总量也明显减少，常州和南京减少幅度最大，上海次之。2000～2010 年，长三角 6 个重点城市单位 GDP 工业 COD 排放量也有所降低，杭州降低幅度最大，其次是苏州和南京。常州是先增后降，2005 年单位 GDP 工业 COD 排放量超过 2000 年。2000～2010 年，长三角 6 个重点城市单位 GDP 工业 SO$_2$ 排放也有所减少，其中苏州和南京减少幅度最大，上海和杭州次之。

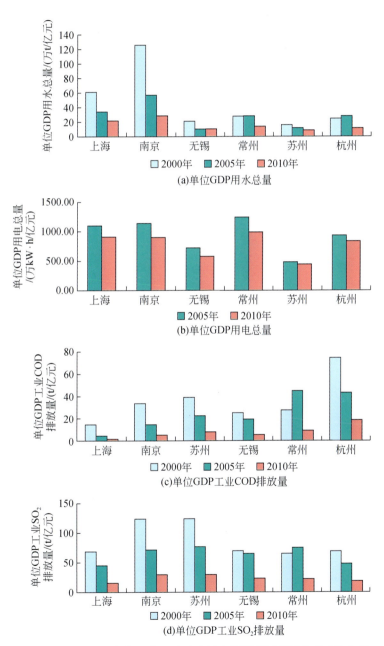

图 8-6　2000～2010 年长三角 6 个重点城市资源环境利用效率变化特征

8.5 生态环境胁迫与变化

长三角重点城市的生态环境胁迫评估主要考虑水资源开发强度、能源利用强度、大气污染强度、水污染强度和固体废弃物排放强度。由于建成区内部不同市辖区很多数据难以获得，有的指标以市域为单元进行了评价。

8.5.1 水资源开发强度

2000~2010 年，长三角 6 个重点城市，除南京外，其他 5 个城市单位面积用水总量都是增加的，无锡增幅最大，其次是苏州、常州、上海和杭州（图 8-7）。从空间分异看，上海单位面积用水量远高于其他城市，其次是南京，明显高于苏锡常和杭州。

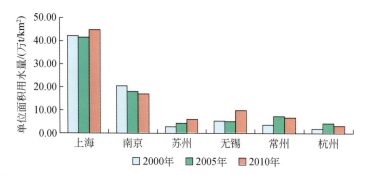

图 8-7 2000~2010 年长三角 6 个重点城市的单位面积用水总量变化特征

8.5.2 能源利用强度

2005~2010 年，长三角 6 个重点城市单位面积用电总量都是增加的，上海增幅最大（图 8-8）。从空间分异看，上海单位面积用电总量远高于其他城市，南京、苏州、无锡和常州的单位面积用电总量超过杭州。

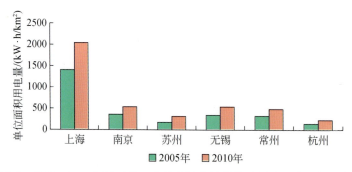

图 8-8 2005~2010 年长三角 6 个重点城市的单位面积用电总量变化特征

8.5.3 大气污染强度

2000～2010 年，长三角 6 个重点城市，除无锡外，其他 5 个城市单位面积烟尘排放量都是减少或基本不变的，上海减幅最大，其次是常州和杭州（图 8-9）。2000～2010 年，单位面积 SO_2 排放量，无锡和常州有所增加，其他 4 个城市都减少，上海减幅最大。

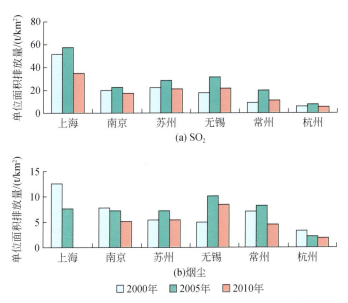

图 8-9 2000～2010 年长三角 6 个重点城市单位面积 SO_2 和烟尘排放量变化特征

8.5.4 水污染强度

2000～2010 年，长三角 6 个重点城市单位面积工业 COD 排放量大多有所降低。上海和南京为持续降低，苏州、无锡、常州和杭州为先增后降。从空间分布看，2000～2010 年上海单位面积工业 COD 排放量降幅最大（图 8-10）。

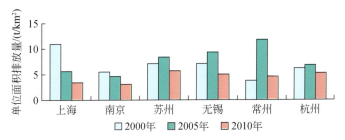

图 8-10 2000～2010 年长三角 6 个重点城市单位面积工业 COD 排放量变化特征

8.5.5 固体废弃物排放强度

2000～2010 年，长三角 6 个重点城市工业固体废弃物和生活垃圾产生量总体是增加的，苏州增幅最大。2010 年，上海工业固体废弃物产生量最大。生活垃圾方面，2000～2010 年，上海、南京、常州和杭州 4 个城市都是增加的，杭州增幅最大（图 8-11）。到 2010 年，上海生活垃圾排放量远大于其他城市。

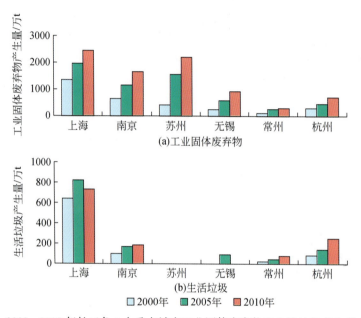

图 8-11　2000～2010 年长三角 6 个重点城市工业固体废弃物和生活垃圾产生量变化特征

第9章 结论及对策建议

　　长三角地区位于我国大陆海岸线中部、长江入海口，是我国经济发展速度最快、经济总量规模最大、社会发展水平最高的区域，也是我国长江经济带的龙头和沿海经济发展带的中枢，是我国实施"T"形发展战略的核心区域。2010年国务院正式批准实施《长江三角洲地区区域规划》，旨在进一步促进长三角城市群的发展，使其成为我国融入全球化进程的首要区域。改革开放三十多年来，长三角城市群得到快速的发展，土地、人口、社会和经济的城市化程度不断加强，但资源、环境容量和生态承载力的压力加大。本书整合了"长三角城市群生态环境三十年变化调查与评估"课题研究成果，可以为未来长三角区域一体化的推进提供理论和实践依据。

9.1　主要结论

　　本书以长三角15个城市为研究对象，通过筛选和建立典型评价指标体系，从"区域尺度"和"城市尺度"两个层面，定量评估长三角城市群近三十年的城市化演进特征及其对生态环境的影响。主要结论如下。

　　1）1984～2010年，长三角城市群的城市化强度、生态质量、环境质量和生态环境胁迫状况都有明显变化，这些变化特征存在明显的时空分布差异。总体上，不同时期的变化程度不同，区域间和城市间的差异明显。

　　具体结果表明，长三角城市群近三十年来的土地城市化、人口城市化和经济城市化十分迅速。不同时期（1984年、1990年、2000年、2005年、2010年）的城市化水平均高于全国平均水平，且近二十年（1990～2010年）城市化速度明显高于之前（1984～1990年）。城市扩张的主要模式是"多中心"发展，主要表现为"主城区"范围的不断外延和"卫星城镇"数量的不断增加，但是区域间和城市间存在明显差异。总体上，上海的城市化水平最高，江苏8个市次之，浙江6个市最低。生态质量变化的评估结果表明，整体上，林地覆盖趋于更加破碎，林地覆盖比例先降后增，耕地比例明显降低，生物量总体呈增加趋势，但存在明显的区域间和城市间的差异，浙江的生态质量高于江苏和上海。环境质量评估结果显示，近十年，长三角主要城市空气优良率呈上升趋势，PM_{10}浓度呈下降趋势，但酸雨强度和频率增加。资源环境利用效率评估结果表明，长三角15个城市单位GDP用水总量、用电总量和污染物排放量都明显降低，但不同区域和城市的差异较大。生态环境胁迫状况评估结果表明，整体上，长三角区域的人口密度、经济活动强度、水资源利用强度和能源利用强度是增加的，污染物排放强度是降低的，但不同城市在不同时期的变化特征存在差异。热岛效应问题突出，上海、苏州、无锡、常州、南京、杭州、宁波为7个常规高温区，在每个季度均呈现出高温区集中分布特征，2000~2010年，长三角区域的高温区总面积增幅不大，但高温区的空间分布格局在不同季节有明显变化。区域尺度上，高温区的分布与人工表面和植被覆盖格局特征密切相关。城市尺度上，热岛效应特征与每个城市的经济发展水平和产业结构特征密切相关。长三角城市群的资源环境利用效率总体提高，但不同区域和不同城市存在明显差异。

2）2000~2010年，长三角6个重点城市（上海、南京、苏州、无锡、常州和杭州）的"主城区"呈不断扩张趋势，但扩张幅度较1984~2000年趋缓，生态环境质量有所降低，生态环境胁迫强度增大。

具体结果表明，比之1984~2000年，2000~2010年的6个重点城市主城区扩张速度减慢，但主城区范围基本都翻倍。重点城市建成区内部，不同市辖区的城市化水平存在明显的时空差异，整体上是"老市辖区"的城市化水平高于"新市辖区"，但"老市辖区"的综合城市化水平有下降趋势。建成区城市景观格局的总体特征是愈加破碎。生态质量评估结果表明，重点城市内部，多数市辖区的绿地比例和人均绿地面积是减少的，建成区内部的生态质量整体上呈下降趋势。

9.2　主要对策建议

根据本书研究成果，提出长三角城市群未来发展的对策和建议。

1）区域尺度上，要加强协调不同区域间和不同城市间的发展。要针对区域间的差异，如上海、江苏和浙江的差异，重视加强区域间的联系，更要兼顾不同区域发展对生态环境影响的差异，统一规划、整体协调和互补合作。同时，要针对城市间的差异，如重点城市和非重点城市的差异，充分考虑重点城市和非重点城市的发展特征以及对生态环境影响的差异，进行协调规划和统一布局。

2）城市尺度上，要重点考虑"新老市区"的协调发展，进一步优化建成区内不同市辖区的功能目标和布局。要结合长三角区域一体化目标和城市自身的发展目标，尤其要重视对"新增城区"的功能定位和科学用地规划。

9.2.1　区域尺度的对策建议

长三角城市群是中国沿长江经济发展轴的龙头和沿海经济发展带的中枢，是我国实施"T"形发展战略的核心区域。2010年国务院正式批准实施《长江三角洲地区区域规划》，目的是进一步促进长三角城市群的发展，使其成为我国融入全球化进程的首要区域。

改革开放三十多年来，长三角城市群得到快速的发展，土地、人口、社会和经济的城市化程度不断加强，但资源、环境容量和生态承载力的压力加大。本书相关研究成果，可以为未来长三角区域一体化的推进提供理论依据和定量化的实践指导。长三角区域未来发展的对策和建议如下。

（1）协调不同区域间的发展

长三角城市群近三十年城市化特征及变化的综合评估结果表明，长三角城市群的发展具有明显的"区域差异"，即上海、江苏和浙江三个区域的城市化综合水平有明显的时空尺度差异，整体上，上海综合城市化水平最高，江苏次之，浙江相对最低。

因此，对未来的"长三角区域一体化"发展提出以下建议。

1）长三角区域整体空间布局规划中，要加强城市化对区域生态质量和生态环境胁迫状况的考虑。本书研究结果揭示，近三十年，长三角区域的快速发展对区域生态环境的压力越来越大，但不同区域的生态环境压力和资源环境利用效率存在较明显的差异。因此，未来的长三角区域空间发展布局中，要兼顾不同区域发展对生态环境的影响程度，统一规划、整体协调和互补合作。

2）要进一步加强区域间的联系。虽然长三角不同区域间差异形成的原因有自然因素和发展历史因素，但进一步加强区域间的联系，对推进"长三角区域一体化"进程和实现区域共同发展目标至关重要。因此，长三角不同区域的社会、经济协调发展政策的制定，要紧密结合区域发展对生态环境的影响程度和机制，只有在充分认识和考虑到不同区域的发展特征、环境容量和生态承载力差异的基础上，才能确保可持续发展的"长三角区域一体化"。

（2）协调不同城市间的发展

长三角城市群近三十年城市化特征及变化的综合评估结果表明，"区域差异"和"城市间的差异"都非常明显。总体上，6个核心城市（上海、南京、苏州、无锡、常州和杭州）的城市化水平高于其他城市，其生态环境协调程度也大于其他城市。因此，在未来的城市发展规划中，要充分考虑重点城市与非重点城市的发展特征和对生态环境影响特征的差异，进行协调规划和统一布局。

具体提出以下建议。

1）重点城市未来发展重点是对生态环境保护问题更加重视，重点城市的进一步扩张要着眼于"周边区域"，而不是简单的平摊式外延的模式。与周边区域的有机结合，不仅可以带动周边地区快速发展，还可以有效地改善和保障生态环境。

2）非重点城市未来发展重点是进一步提高资源环境利用效率，要紧密结合长三角区域整体的发展目标和生态环境胁迫状况，科学地规划每个城市的发展模式和布局。

9.2.2 城市尺度的对策建议

长三角城市群的整体发展模式是多核心模式，即以几个重点城市（如上海、南京、苏州、无锡、常州和杭州）为核心开展区域化发展。在国家和地方政策支持及城市化特征、程度等方面，重点城市与其他城市存在明显差异。因此，深入分析这些重点城市的发展特征和模式，不仅有助于进一步提高这些核心城市在区域发展中的引领作用，还可以作为示范，引导其他城市的发展。

因此，对重点城市下一步的发展规划，提出以下建议。

1）优化"不同市辖区"的功能目标和布局。根据本书的评估结果，长三角区域 6 个重点城市建成区内部不同市辖区的城市化特征、生态质量和生态环境胁迫状况存在明显的时空差异。总体上，发展历史较早的"老市辖区"的城市化强度明显高于"新市辖区"，而"老市辖区"对生态环境的胁迫压力也大于"新市辖区"。因此，这些重点城市在未来发展中，对建成区的改造或优化设计，要重点考虑新、老市辖区的协调发展。

2）重视"新增城区"的规划布局和功能目标设计。对比长三角 6 个重点城市 2010 年"新增城区"（较 2000 年城区边界外扩的区域）和"老城区"（2000 年城区边界）的土地覆盖格局，可以发现明显差异。例如，相比"老城区"，6 个重点城市的"新增城区"的绿地覆盖比例都明显偏高，不透水地表覆盖比例偏低。此外，"新增城区"绿地斑块密度明显高于"老城区"，表明"新城区"绿地布局更加破碎，但"新城区"的不透水地表和"老城区"相比没有明显规律，有的城市"新城区"不透水地表布局比"老城区"破碎，有的城市"老城区"不透水地表布局比"新城区"破碎。这些情况都表明，长三角区域核心城市的扩张模式和布局需要从区域尺度上进行整体的规划和统一的协调。

参 考 文 献

摆万奇.2000.深圳市土地利用动态趋势分析.自然资源学报,2（15）：112-116.

班守峰.2008.遥感图像与 GIS 数据变化检测的研究.哈尔滨：哈尔滨理工大学.

鲍文杰,马蔚纯,邢超群,等.2010.超大城市热岛研究方法对比.复旦学报,49（5）：634-641.

曹银贵,王静,郑新奇,等.2007.三峡库区城镇建设用地驱动因子路径分析.中国人口·资源与环境,
  17（3）：66-69.

常宗耀.2010.乡村城市化：马克思的理论及其启示.北方论丛,3：112-116.

陈涤非.2013.基于面向对象方法的地表覆盖分类研究.成都：成都理工大学.

陈健.2004.长三角地区成为新的生态脆弱带.http：//www.people.com.cn/GB/jingji/1037/2593774.html
  ［2014-02-05］.

陈晋,何春阳.2001.基于变化向量分析的土地利用/覆盖变化动态监测（Ⅰ）——变化阈值的确定方法.
  遥感学报,5（4）：259-266.

陈瑞琴.2004.青岛市土地利用/土地覆被变化及驱动力研究.济南：山东师范大学.

陈鑫镖.2013.面向对象的居民地变化检测方法研究.长沙：中南大学.

陈雅淑.2009.局部空间自相关指标的适用性研究.上海：华东师范大学.

陈云浩,李晓兵,史培军,等.2002.上海城市热环境的空间格局分析.地理科学,22（3）：317-322.

程炳岩,朱业玉,王记芳.2004.郑州城市气候环境的观测研究.气象,30（2）：50-52.

达即至,宁海林.2006.农村人口城市化与农业产业化.城市问题,133（5）：73-76.

刁德泰.2003.重庆市的地貌环境与城市扩展.城市规划,27（4）：33-36.

段赛仙.2013.基于多时相遥感影像的土地利用变化检测研究.昆明：昆明理工大学.

段学军,虞孝感,刘新.2009.长三角洲地区 30 年来区域发展特征初析.经济地理,29（2）：185-192.

樊杰.2014.城镇化为何意城市群为主体形态.http：//news.xinhuanet.com/house/hf/2014-03-19/c_
  119833804.htm［2014-03-19］.

范磊,程永政,王来刚,等.2010.基于多尺度分割的面向对象分类方法提取冬小麦种植面积.中国农业
  资源与区划,31（6）：44-51.

方创琳.2009.改革开放 30 年来中国的城镇化与城镇发展.经济地理,29（1）：19-25.

方创琳.2012.中国城市群形成发育的政策影响过程与实施效果评价.地理科学,32（3）：257-264.

方创琳.2014.中国城市群研究取得的重要进展与未来发展方向.地理学报,69（8）：1130-1144.

方创琳,祁巍锋,宋吉涛.2008.中国城市群紧凑度的综合测度分析.地理学报,63（10）：1011-1021.

方良平,李明敏.2008.上海城市化带来的机动车污染及治理对策.城市公用事业,22（1）：9-13.

方烨.2006-02-27.长三角发展方式该转弯了.经济参考报,第 2 版.

傅莹.2011.中国城市化与经济增长.武汉：华中科技大学.

高佩义.2004.中外城市化比较研究（增订版）.天津：南开大学出版社.

高铁梅.2005.计量经济分析方法与建模：Eviews 应用及实例.北京：清华大学出版社.

顾朝林.2011.城市群研究进展与展望.地理研究,30（5）：771-784.

顾涧清.2009.珠三角与长三角两大城市群比较研究.城市观察,1：70-76.

桂林.2004.浅谈基于多时相遥感影像的变化检测技术.http：//www.paper.edu.cn/releasepaper/content/
  200409-79［2014-03-24］.

郭海涛,刘继双,卢俊.2009.基于相关系数的高层建筑物区域综合检测.测绘科学技术学报,26（2）：

125-127.

韩薇.2006.西安卫星城镇的界定及其人居韩靖建设优化研究.西安:西北大学.

何念如.2005.对台湾制造业发展的初步研究——从产业群的角度出发.南京财经大学学报,1(5):
10-13.

何镇宇.2012.人口城市化研究综述.云南电大学报,(02):53-56.

侯景新.2007.论城市重心转移规律——以北京市为例.学习与实践,(6):13-19.

胡德勇,李京,陈云浩,等.2006.基于多时相 Landsat 数据的城市扩张及其驱动力分析.国土资源遥感,
(70):46-50.

胡乔利,齐永青,胡引翠,等.2011.京津冀地区土地利用/覆被与景观格局变化及驱动力分析.中国生
态农业学报,(05):1182-1189.

胡忆东,吴志华,熊伟,等.2008.城市建成区界定方法研究——以武汉市为例.城市规划,32(4):
88-96.

黄金海.2006.杭州市热岛效应与植被覆盖关系的研究.杭州:浙江大学.

季斌,孔军,孔善石.2007.南京城市化进程中的生态环境问题及生态城市建设.现代城市研究,5:
38-41.

江滔.2006.长三角:经济发展所面临的环境问题及对策.全国资源环境法学研讨会论文集.北京:中国
人民大学.

蒋博,徐梦洁.2009.城市扩张的驱动因素分析——以南京市为例.经济研究导刊,2:136-137.

蒋慧娟.2011.武汉市用地扩张模式研究.武汉:华中师范大学.

蒋团标,廉超,裴金平.2011.基于 Theil 指数和基尼系数的广西城市经济发展差异研究.区域金融研究,
9:78-83.

黎治华.2011.基于 MODIS 反演重构时间序列数据的长江三角洲地区生态环境演变研究.上海:华东师
范大学.

李爱军,谈志浩,陆春锋,等.2004.城市化水平综合指数测度方法探讨——以江苏无锡市、泰州市为
例.经济地理,24(1):43-47.

李爱民.2009.基于遥感影像的城市建成区扩张与用地规模研究.郑州:解放军信息工程大学.

李海波.2012.基于 MODIS 数据的济南市城市热岛时空演变及机制研究.济南:山东师范大学.

李汉宗,单欣欣.2007.城市化理论的发展与城市化概念的规范化.中国西部科技,8:29-31.

李后尧,冯启严.2003.江苏典型的城市地质灾害与防治.中国矿业,12(1):67-70.

李辉.2003.中国人口城市化综述.人口学刊,6:51-58.

李静,赵庚星,田素锋,等.2004.论土地利用/土地覆盖变化驱动力研究.国土资源科技管理,21(1):
22-25.

李琳.2008.紧凑城市中"紧凑"概念释义.城市规划学刊,3:41-45.

李培祥.2008.广东人口城市化与土地城市化关系研究.安徽农业科学,36(29):12955-12958.

李平,李秀彬,刘学军.2001.我国现阶段土地利用变化驱动力的宏观分析.地理研究,2:129-138.

李双武.2008.面板数据分析及其应用.武汉:华中科技大学.

李文溥,陈永杰.2001.中国人口城市化水平与结构偏差.中国人口科学,(5):10-18.

李向军.2006.遥感土地利用变化检测方法探讨.北京:中国科学院研究生院.

李晓兵.1999.国际土地利用——土地覆盖变化的环境影响研究.地球科学进展,4(14):395-399.

李晓文,方精云,朴世龙.2003.上海城市用地扩展强度、模式及其空间间分异特征.自然资源学报,
18(4):412-422.

李玉江 . 2006. 我国人口城市化区域发展静态与动态比较研究 . 青岛科技大学学报（社会科学版），22（1）：3-9.

李玉江，陈培安，包玉香 . 2006. 我国人口区域发展静态与动态比较研究 . 青岛科技大学学报（社会科学版），22（1）：3-9.

李子奈，潘文卿 . 2000. 计量经济学（第三版）. 北京：高等教育出版社 .

林汉达 . 1998. 关于城市化与第三产业协调发展的思考 . 岭南学刊，6：80-82.

刘纪远，匡文慧，张增祥，等 . 2014. 20 世纪 80 年代末以来中国土地利用变化的基本特征与空间格局 . 地理学报，（01）：3-14.

刘纪远，王新生，庄大方，等 . 2003. 凸壳原理用于城市用地空间扩展类型识别 . 地理学报，58（6）：885-892.

刘静玉 . 2006. 当代城市化背景下的中原城市群经济整合研究 . 开封：河南大学 .

刘磊 . 2007. MODIS 数据地表温度反演及其在长江三角洲都市群热岛效应研究中的应用 . 南京：南京信息工程大学 .

刘庆，陈利根，杨君，等 . 2010. 长、株、潭城市群耕地资源数量变化驱动力的计量经济分析 . 资源科学，32（9）：1734-1740.

刘盛和，吴传钧，沈洪泉 . 2000. 基于 GIS 的北京城市土地利用扩展模式 . 地理学报，55（4）：407-416.

刘曙华，沈玉芳 . 2006. 上海城市扩展模式及其动力机制 . 经济地理，（03）：487-491.

刘涛，曹广忠 . 2010. 城市用地扩张及驱动力研究进展 . 地理科学进展，29（8）：927-934.

刘涛，曹广忠 . 2012. 城市规模的空间聚散与中心城市影响力 . 地理研究，31（7）：1317-1326.

刘晓丽，方创琳 . 2008. 城市群资源环境承载力研究进展及展望 . 地理科学进展，27（5）：35-42.

刘晓梅 . 2011. 国外大都市圈的空间发展模式研究及对我国都市圈发展的启示 . http://www.jxfzw.net/tszs/5834.html［2014-03-25］.

刘英群 . 2012. 论经济城市化 . 大连海事大学学报（社会科学版），11（6）：20-24.

鲁井兰 . 2007. 江苏省城市化水平综合评价研究 . 镇江：江苏大学 .

吕蕾，周生路，任奎 . 2008. 城市边缘区建设用地扩张空间特征及影响因素定量研究——以南京市江宁区为例 . 地域研究与开发，3（27）：105-107.

吕萍，周滔，张正峰，等 . 2008. 土地城市化及其度量指标体系的构建与应用 . 中国土地科学，8（22）：24-28.

罗彦，朱荣远，蒋丕彦 . 2010. 城市再生：紧约束条件下城市空间资源配置的策略研究 . 规划设计，3（26）：42-49.

马其芳 . 2003. 社会经济驱动力对土地利用/覆盖变化（LUCC）的影响研究 . 华中农业大学学报（社会科学版），3：80-83.

马晓冬 . 2007. 基于 ESDA 的城市化空间格局与过程比较研究 . 南京：东南大学出版社 .

毛广雄，丁金宏，曹蕾 . 2009. 城市紧凑度的综合测度及驱动力分析——以江苏省为例 . 地理科学，29（5）：627-633.

蒙吉军，李正国，吴秀芹 . 2003. 1995—2000 年河西走廊土地利用变化研究 . 自然资源学报，6（18）：645-651.

欧向军，甄峰，秦永东，等 . 2008. 区域城市化水平综合测度及其理想动力分析——以江苏省为例 . 地理研究，27（5）：993-1002.

彭保发，陈端吕 . 2011. 景观尺度土地利用/覆盖变化的研究 . 中国农学通报，27（31）：1-5.

濮运辰 . 2013. 基于多目标优化的遥感图像变化检测算法研究 . 上海：上海交通大学 .

乔建民，吴源泉，宋杰，等．2012．不同土地利用类型对城市地表温度的影响．现代农业科技，24：236-239.

尚正永，张晓林，卢晓旭，等．2011．安徽省区域城市化格局时空演变研究．经济地理，31（4）：584-590.

尚正永，张晓林，周晓钟．2012．基于 RS/GIS 的城市空间扩展与外部形态演变研究——以江苏省淮安市为例．经济地理，32（8）：64-70.

沈正平，马晓冬．2009．江浙两省城市群的空间格局比较．中国城市经济，2：21-23.

石忆邵，章仁彪．2001．从多中心城市到都市经济圈——长江三角洲地区协调发展的空间组织模式．城市规划汇刊，4：51-54.

舒松．2013．基于稳定夜间灯光遥感数据的城市群空间模式识别方法研究．上海：华东师范大学．

宋丽敏．2007．中国人口城市化水平预测分析．辽宁大学学报（哲学社会科学版），3：115-119.

苏雪串．2004．中国城市群的形成与发展在城市化中的作用：以长江三角洲为例．山西财经大学学报，26（1）：46-49.

孙进，郭晨，蒋伟．2008．江苏省与浙江省区域经济发展比较分析．生产力研究，15：76-77.

孙平军，丁四保，修春亮，等．2012．东北地区"人口-经济-空间"城市化协调性研究．地理科学，4：450-457.

孙晓娟．2012．上饶市固定资产投资引领城市发展新速度——十六大以来上饶经济社会发展回顾系列报告之十．http：//www.srtj.gov.cn/tjnr.asp？id=6550［2014-03-25］．

台冰．2007．人均第三产业增加值与人口城市化水平关系研究．西安交通大学学报（社会科学版），2（27）：24-27.

谈明洪，李秀彬，吕昌河．2003．我国城市用地扩张的驱动力分析．经济地理，23（5）：635-639.

谭少华，倪绍祥．2005．区域土地利用变化驱动力的成因分析．地理与地理信息科学，21（3）：47-50.

王红亮，胡伟平，吴驰．2010．空间权重矩阵对空间自相关的影响分析．华南师范大学学报，1：110-115.

王静爱，何春阳，董艳春，等．2002．北京城乡过渡区土地利用变化驱动力分析．地球科学进展，17（2）：201-208.

王丽萍，周寅康，薛俊菲．2005．江苏省城市用地扩张及驱动机制研究．中国土地科学，19（6）：26-29.

王乃静，2005．国外城市群的发展模式及经验新探．技术经济与管理研究，2：83-84.

王少华．2011．基于多源遥感数据的矿山开发占地信息提取技术研究．北京：中国地质大学（北京）．

王维国，于洪平．2002．我国区域城市化水平的度量．财经问题研究，8：56-59.

王新娜．2008．山东半岛城市群空间结构研究．资源与产业，10（3）：63-66.

王颖，王腊春，朱大奎．2010．长三角洲水资源现状与环境问题．科技通报，26（2）：171-181.

王玉芬．2010．论农村人口城市化．改革与开放，10：51-52.

王贞超，李满春，李飞雪．2012．基于锡尔指数的区域土地利用时空分布特征——以常州市为例．长江流域资源与环境，21（8）：951-957.

韦素琼，陈建飞．2006．闽台建设用地变化与工业化耦合的对比分析．地理研究，25（1）：87-95.

文艳，郑向敏，李勇泉．2013．基于锡尔系数的西部 12 省旅游竞争力差异研究．重庆师范大学学报，30（2）：128-133.

邬建国．2004．景观生态学中的十大研究论题．生态学报，24（9）：2074-2076.

吴宏安，蒋建军，周杰，等．2005．西安城市扩张及其驱动力分析．地理学报，60（1）：143-150.

吴家浩，吴彦霖，梁伟健．2011．中山市城市化的驱动力机制分析．中国城市经济，（1）：272-273.

武大勇．2006．计量经济学中的面板数据模型分析．武汉：华中科技大学．

夏叡，李云梅，李蔚蔚．2009．无锡市城市扩张的空间特征及驱动力分析．长江流域资源与环境，

18（12）：1109-1114.

肖笃宁，李秀珍.2003.景观生态学的学科前沿与发展战略.生态学报，23（8）：1615-1621.

信春霞.2002.中国人口城市化率的深层次分析.上海财经大学学报，4（6）：39-45.

徐梦洁，张俊凤，陈黎，等.2011.长三角城市群空间扩张的模式、类型与效益.城市问题，9：14-20.

徐心馨，李小娟，孟丹，等.2013.北京市不同下垫面类型对热岛效应及人体舒适度的影响.首都师范大学学报，34（3）：47-52.

许学强，周一星，宁越敏.1997.城市地理学.北京：高等教育出版社.

薛丹，李成范，雷鸣，等.2013.基于MODIS数据的上海市热岛效应的遥感研究.测绘与空间地理信息，36（4）：1-3.

延昊，邓莲堂.2004.利用遥感地表参数分析上海市的热岛效应及治理对策.热带气象学报，20（5）：579-585.

闫梅.2012.城市空间扩展的模拟预测研究——以北京为例.重庆：西南大学.

闫梅，黄金川.2013.国内外城市空间扩展研究评析.地理科学进展，32（7）：1039-1050.

阎艳，薛丽芳.2014.基于GIS的徐州城镇建设用地空间扩展研究.http：//www.paper.edu.cn/releasepaper/content/201402-191［2014-03-25］.

杨凯，叶茂，徐启新.2003.上海城市废弃物增长的环境库兹涅茨特征研究.地理研究，22（1）：62-66.

杨荣南，张雪莲.1997.城市空间扩展的动力机制与模式研究.地域研究与开发，16（2）：1-4.

杨燕丽.2010.基于MODIS数据的长单击地区热岛时空演变及机制研究.上海：华东师范大学.

姚士谋，陈振光，朱英明.2001.中国城市群.合肥：中国科学技术大学出版社.

岳文泽，汪锐良，范蓓蕾.2013.城市扩张的空间模式研究——以杭州市为例.浙江大学学报：理学版，40（5）：596-605.

翟国强.2007a.中国现代大城市中心城区边缘区的发展与建设.天津：天津大学.

翟国强.2007b.天津市中心城区边缘区的规划与建设.城市规划，31（10）：23-29.

张晨，周婷.2008.对平原城市形态特征与结构的初探.科技信息（学术研究），（25）：1-2.

张金区.2006.珠江三角洲地区地表热环境的遥感探测及时空演化研究.广州：中国科学院广州地球化学研究所.

张松林，张昆.2007.局部空间自相关指标对比研究.统计研究，24（7）：65-67.

张同升，梁进社，宋金平.2002.中国城市化水平测定研究综述.城市发展研究，9（2）：36-41.

张晓东.2005.基于遥感影像与GIS数据的变化检测理论和方法研究.武汉：武汉大学.

章辉，吴柏均，杨上广.2006.长三角城市化发展的影响因素及动力机制.工业技术经济，25（10）：45-49.

赵霞.2012.柳州市城市用地扩张特征及驱动力研究.成都：四川农业大学.

赵英时.2003.遥感应用分析与方法.北京：科学出版社.

浙江省工商业联合会.2011.江浙两省民营经济发展之比较.http：//www.ceweekly.cn/2011/0216/12844.shtml［2014-04-11］.

周彬，杨达源，董杰，等.2006.快速城市化过程中的南京市生态环境可持续发展研究.城市环境与城市生态，19（2）：33-35.

周红妹，周成虎，葛伟强，等.2001.基于遥感和GIS的城市热场分布规律研究.地理学报，56（2）：189-197.

周启明.2011.多时相遥感影像变化检测综述.地理信息世界，（2）：28-33.

周彦丽，景元书，赵海江.2010.城市化发展对南京城市增温的影响分析.气象与减灾研究，33（2）：

43-47.

周一星，田帅. 2005. 以"五普"数据为基础修补分省城市化水平数据. 统计与决策，23：11-12.

朱会义，何书金，张明. 2001. 环渤海地区土地利用变化的驱动力分析. 地理研究，（06）：669-678.

朱顺娟. 2012. 长株潭城市群空间结构及其优化研究. 长沙：中南大学.

朱锡金. 1987. 城市结构的活性. 城市规划汇刊，（5）：7-13.

Bai X M, Chen J, Shi P J. 2011. Landscape urbanization and economic growth in China: positive feedbacks and sustainability dilemmas. Environmental Science & Technology, 46: 132-139.

Balling R C, Brazel S W. 1988. High-resolution surface-temperature patterns in a complex urban terrain. Photographic Engineering Remote Sensing Review, 54: 1289-1293.

Batty M, Xie Y. 1994. From cells to cities. Environment and Planning B, 21（7）: 31-48.

Berry B J L, Gillard Q. 1977. The Changing Shape of Metropolitan America: Commuting Patterns, Urban Fields, and Decentralization Processes, 1960-1970. Pensacola, FL: Ballinger Publishing Company.

Boyce RR, Clark W A V. 1964. The concept of shape in geography. Geographical Review, 54（4）: 561-572.

Camagni R, Gibelli M C, Rigamonti P. 2002. Urban mobility and urban form: the social and environmental costs of different patterns of urban expansion. Ecological Economics, 40（2）: 199-216.

Coppin P, Jonckheere I, Nackaerts K, et al. 2004. Digital change detection methods in ecosystem monitoring: a review. International Journal of Remote Sensing, 25（9）: 1565-1596.

Davis J C, Henderson J V. 2003. Evidence on the political economy of the rbanization process. Journal of Urban Economics, 53（1）: 98-125.

Deng J S, Wang K, Hong Y, et al. 2009. Spatio- temporal dynamics and evolution of land use change and landscape pattern in response to rapid urbanization. Landscape and Urban Planning, 92: 187-198.

Ehrlich P R, EhrlichA H, Daily G C. 1993. Food security, population and environment. Population and development review: 1-32.

Fahrig L, Baudry J, Brotons L, et al. 2011. Functional landscape heterogeneity and animal biodiversity in agricultural landscapes. Ecology Letters, 14: 101-112.

Friedmann J. 1986. The world city hypothesis. Development and Change, 17（1）: 69-83.

Gottmann J. 1961. Megalopolis: The Urbanized Northeastern Seaboard of the United States. New York: Twentieth Century Fund.

Grimm N B, Faeth S H, Golubiewski N E, et al. 2008. Global change and the ecology of cities. Science, 319: 756-760.

Hay G J, Marceau D J, Dube P, et al. 2001. A multiscale framework for landscape analysis: object- specific ananlysis and upscaling. Landscape Ecology, 16（6）: 155-161.

Heeb F, Singer H. 2012. Organic micro pollutants in rivers downstream of the megacity Beijing: sources and mass fluxes in a large-scale wastewater irrigation system. Environmental Science & Technology, 46: 8680-8688.

Henderson J V. 2003. Urbanization and economic development. Annals of Economics and Finance, 4: 275-342.

Hietel E, Waldhardt R, Otte A. 2007. Statistical modeling of land-cover changes based on key socio-economic indicators. Ecological Economics, 62: 496-507.

Hotelling H. 1936. Relations between two sets of variates. Biometrika, 28（3/4）: 321-377.

Johnson R D, Kasischke E S. 1998. Change vector analysis: a technique for the multispectral monitoring of land cover and condition. International Journal of Remote Sensing, 19（3）: 411-426.

Lausch A, Herzog F. 2002. Applicability of landscape metrics for the monitoring of landscape change: issues of scale, resolution and interpretability. Ecological indicators, 2 (1): 3-15.

Long H L, Tang G P, Li X B, et al. 2007. Socio-economic driving forces of land-use change in Kunshan, the Yangtze River Delta economic area of China. Journal of Environmental Management, 83: 351-364.

Lu D, Mausel P, Brondizio E, et al. 2004. Change detection techniques. International journal of remote sensing, 25 (12): 2365-2401.

Lynch K. 1981. Good City Form. Cambridge, MA: MIT Press.

Lyon J G, Yuan D, Lunetta R S, et al. 1998. A change detection experiment using vegetation indices. Photogrammetric Engineering and Remote Sensing, 64 (2): 143-150.

Miller J D, Kim H, Kjeldsen T R. 2014. Assessing the impact of urbanization on storm runoff in a peri-urban catchment using historical change in impervious cover. Journal of Hydrology, 515: 59-70.

Moomaw R L, Shatter A M. 1996. Urbanization and economic development: a bias toward large cities? Journal of Urban Economics, 40 (1): 13-37.

Peng C, Ouyang Z, Wang M, et al. 2012. Vegetative cover and PAHs accumulation in soils of urban green space. Environmental Pollution, 161: 36-42.

Pickett S T A, Cadenasso M L, Grove J M, et al. 2011. Urban ecological systems: scientific foundations and a decade of progress. Journal of Environmental Management, 92: 331-362.

Plieninger T, Draux H, Fagerholm N, et al. 2016. The driving forces of landscape change in Europe: a systematic review of the evidence. Land Use Policy, 57: 204-214.

Pond B A. 2016. Across the grain: multi-scale map comparison and land change assessment. Ecological Indicators, 71: 660-668.

Roth M, Oke T R, Emery W J. 1989. Satellite-derived urban heat island from three coastal cities and the utilization of such data in urban climatology. International Journal of Remote Sensing, 10 (6): 1699-1720.

Singh A. 1989. Digital change detection techniques using remotely sensed data. International Journal of Remote Sensing, 10 (6): 989-1003.

Turner B L, Skole D, Sanderson S, et al. 1995. Land-use and Land-cover Change. Stockholm: International Geosphere-Biosphere Programme.

Ullman E L. 1957. American Commodity Flow. Seattle: University of Washington Press.

Yin J, Yin Z E, Zhong H D, et al. 2011. Monitoring urban expansion and land use/land cover changes of Shanghai metropolitan area during the transitional economy (1979-2009) in China. Environmental Monitoring and Assessment, 177: 609-621.

Zhang Q, Wang X, Hou P, et al. 2014. Quality and seasonal variation of rainwater harvested from concrete, asphalt, ceramic tile and green roofs in Chongqing, China. Journal of Environmental Management, 132: 178-187.

索　引